Mosaik
bei GOLDMANN

Buch

Die Blutgruppen-Diät basiert auf der Erkenntnis, dass Gesundheit, Fitness und eine schlanke Figur durch eine auf die Blutgruppe abgestimmte Ernährung erreicht werden kann. Denn die Blutgruppe entscheidet darüber, wie gut oder schlecht die Nahrung vom Körper aufgenommen und verarbeitet wird. Anita Heßmann-Kosaris hat die Nahrungsmittel in blutgruppenspezifische Klassen und Verträglichkeitskategorien eingeteilt.
Sie informiert anschaulich und kompetent über den Zusammenhang von Ernährung und Blutgruppe und bietet viele leckere und bekömmliche Rezepte, die fit und schlank machen.

Autorin

Anita Heßmann-Kosaris lebt und arbeitet als freie Fachjournalistin und Sachbuchautorin in der Nähe von Frankfurt, war einige Jahre verantwortliche Redakteurin einer psychosomatischen Zeitschrift und anschließend stellvertretende Chefredakteurin der Ärzte-Zeitung.

Von der Autorin außerdem bei Mosaik bei Goldmann
Kaffee – der gesunde Muntermacher (16777)

ANITA
HESSMANN-KOSARIS

Die Blutgruppen-Diät

Das bahnbrechende Ernährungsprogramm für Vitalität, Wohlbefinden und eine schlanke Figur

Mosaik
bei GOLDMANN

Die hier vorgestellten Informationen sind nach bestem Wissen und Gewissen geprüft, dennoch übernehmen die Autorin und der Verlag keinerlei Haftung für Schäden irgendeiner Art, die sich direkt oder indirekt aus dem Gebrauch der hier vorgestellten Anwendungen ergeben. Bitte beachten Sie in jedem Fall die Grenzen der Selbstbehandlung, und nehmen Sie bei Krankheitssymptomen professionelle Diagnose und Therapie durch ärztliche oder naturheilkundliche Hilfe in Anspruch.

FSC
Mix
Produktgruppe aus vorbildlich bewirtschafteten Wäldern und anderen kontrollierten Herkünften

Zert.-Nr. SGS-COC-1940
www.fsc.org
© 1996 Forest Stewardship Council

Verlagsgruppe Random House FSC-DEU-0100
Das für dieses Buch verwendete FSC-zertifizierte Papier *Munken Print* liefert Arctic Paper Munkedals AB, Schweden.

7. Auflage
Überarbeitete Taschenbuchausgabe August 2000
Wilhelm Goldmann Verlag, München
in der Verlagsgruppe Random House GmbH

ein Unternehmen der Verlagsgruppe Random House GmbH
Umschlaggestaltung: Design Team München
unter Verwendung eines Fotos von:
Premium, Images Colour
Druck und Bindung: GGP Media GmbH, Pößneck
Kö · Herstellung: Max Widmaier
Printed in Germany
ISBN 978-3-442-16283-3

www.goldmann-verlag.de

Inhalt

Ein Wort zuvor

Was hat denn meine Blutgruppe mit der Ernährung zu tun? Oder etwa damit, wie ich meine überflüssigen Pfunde ein für alle Mal loswerden kann? Wieso soll mein Bluttyp dabei überhaupt eine Rolle spielen? So oder ähnlich reagieren die meisten Abspeckwilligen, die zum erstenmal davon hören, dass es einen Zusammenhang zwischen der Blutgruppe und den unschönen Fettpölsterchen geben soll.

Wer will es ihnen auch verdenken, dass sie ungläubig den Kopf schütteln. Schließlich haben sie sich schon an so viele Pfundskuren herangewagt. Das Kalorienzählen beherrschen sie geradezu meisterhaft. Und sie haben gelernt, selbst komplizierteste Kostpläne mühelos zu bewältigen – um auch nach der ultimativen »Super-Blitz-Crash-Diät« enttäuscht festzustellen, dass sich die Erfolge wieder in Fett auflösen. Die Vorstellung, dass bei all dem der jeweilige Bluttyp mit im Spiel sein soll, weil er – vereinfacht ausgedrückt – dafür verantwortlich ist, wie gut oder wie schlecht der Körper die Nahrung aufnimmt und verwertet, das erscheint ihnen geradezu absurd.

Ernährungsfachleute sehen das ganz anders. In der Medizin weiß man schon lange, dass bestimmte Krankheiten bei Menschen mit der einen oder anderen Blutgruppenzugehörigkeit gehäuft auftreten. Die bahnbrechende Entdeckung, dass auch die Ernährung mit dem jeweiligen Bluttyp in Wechselbeziehung steht, haben unlängst amerikanische Ärzte gemacht. Menschen mit der Blutgruppe 0, die entwicklungsgeschichtlich von Jägern und Sammlern abstammen, brauchen Fleisch, um sich wohl zu fühlen. Wer Blutgruppe A hat, ist eher vegetarisch veranlagt. Menschen mit Blutgruppe B vertragen Eier und Milchprodukte bestens. Und wessen

Blut zur Gruppe AB zählt, kann vieles von der Angebotspalette essen, manches allerdings wieder nicht ...
Wie es zu dieser sensationellen Erkenntnis kam – und vor allem, welche konkreten Konsequenzen das nicht nur für die Gewichtsregulierung, sondern auch für unsere alltägliche Ernährung hat, das erfahren Sie in diesem Buch.
Wir stellen Ihnen die überraschend einfache und völlig neue Art einer »Trennkost« vor, bei der die Ernährung samt und sonders auf unsere ureigene Individualität abgestimmt ist. Es handelt sich dabei also um keine der gängigen Eine-für-alle-Diäten, bei denen völlig außer Acht gelassen wird, dass ein und dieselbe Ernährungsform nicht für jedermann die beste sein kann. Dafür sind wir schließlich viel zu einmalig. So wie wir uns in Gestalt und Haarfarbe, Alter und Geschlecht, Herkunft und Nationalität unterscheiden, so unterschiedlich ist auch die Art und Weise, wie unser Körper die Nahrung verarbeitet. Und wie leicht er an Gewicht zulegt oder überflüssige Pfunde verliert. Um gesund und leistungsfähig zu bleiben, brauchen wir folglich eine Ernährung, die auch unsere »biochemische Individualität« berücksichtigt.
Das ist einfacher, als es auf den ersten Blick vielleicht aussieht. Denn anders als bei der klassischen Trennkost, die der amerikanische Arzt Dr. Howard Hay Ende des 19. Jahrhunderts entwickelt hat, werden die Nahrungsmittel bei der Blutgruppen-Diät nicht nach ihren säure- oder basenbildenden Wirkungen aufgeteilt. Sie brauchen aus der Angebotspalette lediglich die Nahrungsmittel herauszugreifen, die Wissenschaftler für Menschen mit ihrem Bluttyp als vorteilhaft ermittelt haben.
Das besondere Plus der Blutgruppen-Diät ist, dass sie trotz ihrer verblüffenden Einfachheit keineswegs eintönig ist. Sie enthält vielmehr alle lebensnotwendigen Nährstoffe, die wir für unser körperliches und seelisches Wohlergehen so dringend benötigen. Mit der Blutgruppen-Diät kommt nicht nur Ihr Gewicht automa-

tisch wieder ins Lot. Von der richtigen biochemischen Zusammensetzung der Nahrung profitieren auch die Allergiker unter uns. Denn immunologische Überreaktionen werden mit dieser gezielten Ernährung verhindert. Vor allem aber entlasten Sie mit dieser Kost die Verdauungsorgane und beugen Stoffwechselerkrankungen vor.
Sie lernen in diesem Ratgeber die wichtigsten Nahrungsmittelgruppen kennen, die für die vier Blutgruppen 0, A, B und AB in Frage kommen. Und wir geben Ihnen viele Anregungen, Tipps und Hinweise, zum Beispiel auch dazu, wie Sie Ihre Speisen am besten variieren, damit sie Menschen mit anderen Bluttypen ebenfalls schmecken und gut bekommen. Sie werden überrascht sein, wie leicht es ist, den Einstieg in dieses sensationell neue Ernährungsprogramm zu finden. Mitunter bedarf es nur einer kleinen Korrektur der lieb gewonnenen Essgewohnheiten, um mit der Blutgruppen-Diät endlich dauerhaft das Idealgewicht, Gesundheit und Vitalität zu erreichen.
Wir wünschen Ihnen dabei viel Erfolg – und guten Appetit!

Was es mit der Blutgruppen-Diät auf sich hat

Schluss mit den Eine-für-alle-Diäten

Gesünder abnehmen mit weniger Fett – Esst mehr Kohlenhydrate, das macht fit und bringt gute Laune – Eiweiß kurbelt den Energieverbrauch an – Zuviel Eiweiß belastet die Nieren – Viele kleine Mahlzeiten sind besser als drei große – Essen Sie nicht ständig einen Happen zwischendurch, damit die Magensäfte zur Ruhe kommen – Vegetarier leben länger – Nur wer Fleisch isst, bekommt ausreichend Vitamin B12 – Schlank, gesund und leistungsfähig mit frischem Obst und Gemüse – Zuviel Rohkost belastet den Stoffwechsel

Finden Sie sich da noch zurecht? Es gibt so verwirrend viele und zudem widersprüchliche Ernährungsideologien, deren jeweilige Anhänger allerdings felsenfest davon überzeugt sind, dass einzig und allein ihre besondere Ernährungsform für die gesamte Menschheit wegweisend ist. Für die Dicken und Dünnen, die Jungen und Alten, die Gesunden und Kranken – sie alle werden von den Diätgurus in einen Topf geworfen. Mit der Folge, dass über kurz oder lang vielen die Lust am Essen vergeht und manch einer freudlos seinen Joghurt löffelt, obwohl ihm der Sinn nach einem saftigen Steak oder knusprigen Hähnchen steht. Oder es meldet sich das schlechte Gewissen, falls man doch einmal über die Stränge schlägt und von den scheinbar plausiblen Ernährungsregeln abweicht. Ganz zu schweigen davon, dass der Magen eines Tages rebelliert, weil er es satt hat, ständig mit der falschen Kost voll gestopft zu werden.

Gesucht wird: ein individuelles Ernährungsprogramm

Doch wie können wir den Kampf gegen die Kilos gewinnen und dabei gesund und leistungsfähig bleiben? Das funktioniert nur mit einer Nahrung, die uns schmeckt und gut bekommt, weil sie voll und ganz auf unsere persönlichen Bedürfnisse abgestellt ist. Und vor allem: weil sie unsere individuellen biochemischen Eigenschaften berücksichtigt, die Art und Weise also, wie der Körper die Nahrung aufnimmt und verarbeitet.

Bei den üblichen Diätkonzepten – seien es kohlenhydratreiche Körnerkost, eiweißreiche Monodiäten oder ausgefeilte Ernährungsprogramme – bleibt völlig außen vor, dass jeder von uns einzigartig ist. So wie kein Finger- (und Zehen)abdruck dem anderen gleicht und unsere DNS-Struktur in den Zellen mit keiner anderen identisch ist, genauso wenig sind unsere individuellen Ernährungsbedürfnisse deckungsgleich. Und die hängen bekanntlich von verschiedenen Faktoren ab. Unter anderem auch von unseren Erbanlagen, etwa wenn es darum geht, in welcher Menge der Organismus bestimmte Stoffe braucht, um reibungslos zu funktionieren. Dass wir uns ernährungsmäßig nicht alle über einen Kamm scheren lassen, zeigt schon ein simples Beispiel:

Mehr als zwei Drittel aller Menschen hat die Natur nicht mit einem Enzym bedacht, das den Verdauungssäften hilft, Milchzucker (Laktose) chemisch zu zerlegen. »Milch macht munter« – davon können diese Menschen aufgrund ihrer Stoffwechselsituation nur träumen.

Dass wir mit ein und derselben Art, uns zu ernähren, beispielsweise beim Abspecken völlig andere Resultate erzielen als un-

sere Mitmenschen, ist wegen unserer ureigenen Körperchemie nicht verwunderlich. Das erklärt auch, weshalb viele der angeblichen Wunderkuren von vorneherein zum Scheitern verurteilt sind. Mediziner wissen seit langem, dass nicht alle Patienten auf eine vermeintlich gesunde Nahrung gleichermaßen gut ansprechen. Das hat unter anderem dazu geführt, dass informierte Ärzte heute nicht jedem Patienten, der unter Magenbeschwerden leidet, zu fader Schonkost raten.
Kurzum: Wenn es nach dem Schema geht »Was mir gut tut, muss auch dir gut tun«, dann ist der Erfolg des jeweiligen Ernährungsprogramms reine Glückssache.

Die Blutgruppe – der Schlüssel zum Idealgewicht?

Unterschiedliche Menschen brauchen unterschiedliche Nahrung. Was bisher fehlte, um diese Erkenntnis in vernünftige Lebensstrategien umzusetzen, war ein Code, der uns hilft, die individuellen Nahrungsbedürfnisse unseres Organismus zu entschlüsseln. Daran hat sich seit der sensationellen Entdeckung, dass es zwischen der Blutgruppenzugehörigkeit und der Ernährung einen Zusammenhang gibt, schlagartig etwas geändert. Die Blutgruppe ist der Schlüssel, wie der bekannte amerikanische Arzt und Naturheiler Peter D'Adamo es formuliert, »der die Tür zu der geheimnisvollen Welt von Gesundheit, Krankheit, Langlebigkeit, körperlicher Vitalität und emotionaler Stärke öffnet«.
Wie kann denn die Blutgruppe etwas mit unserer Ernährung und unserer Lebensweise zu tun haben, werden Sie an dieser Stelle vielleicht skeptisch einwenden. Die Blutgruppe, dieser leblose Faktor, als Schlüssel zu unserem Idealgewicht, zu Gesundheit und Wohlbefinden – ist das nicht ziemlich weit hergeholt?
Das scheint nur auf den ersten Blick so. Folgt man der wissenschaftlichen Argumentation von Dr. D'Adamo, so lässt sich leicht

nachvollziehen, welche Bedeutung dieser bemerkenswerte Faktor für unser gesamtes Leben hat.

Zwei Ärzte auf der richtigen Spur

»Jede Blutgruppe enthält die genetische Botschaft der Ernährungs- und Verhaltensweisen unserer Vorfahren«, so Dr. D'Adamo, »viele ihrer Merkmale beeinflussen uns bis heute.«
Um herauszufinden, warum unser Immun- und Verdauungssystem offenbar noch heute eine Vorliebe für die Nahrungsmittel hat, mit denen sich unsere Ururahnen des gleichen Bluttyps ernährten, müssen wir keine mühsame Ahnenforschung betreiben. Aus der Entwicklungsgeschichte des Menschen lässt sich ableiten, wie in den entscheidenden Phasen der Evolution die jeweiligen Blutgruppen entstanden, die noch immer die Charakteristika jener Zeit aufweisen.
Besonders auffällig ist, dass sich die einzelnen Blutgruppen in Hinblick auf die Verdauung und die körpereigenen Abwehrkräfte am meisten unterscheiden.
Diese Entdeckung geht unter anderem auf die Arbeiten des Vaters von Dr. D'Adamo zurück. James D'Adamo hatte schon in den 50er Jahren festgestellt, dass eine rein vegetarische, fettarme Diät bei manchen Patienten die Beschwerden nicht linderte, sondern dass sich ihr Allgemeinzustand noch verschlechterte. Der Mediziner war überzeugt, des Rätsels Lösung müsse im Blut stecken, da es den Organismus mit Nahrung versorgt. Er begann damit, nach einer Art »Blaupause« zu suchen, mit der sich das individuelle Ernährungsbedürfnis bestimmen lässt. Jahrelang registrierte der naturheilkundlich ausgebildete Arzt, wie gut oder schlecht Patienten mit verschiedener Blutgruppenzugehörigkeit bestimmte Nahrungsmittel vertrugen. Dabei stellte sich allmählich heraus: Für Menschen mit der Blutgruppe A war eiweißreiches Essen, das viel Fleisch enthielt, nicht ideal. Pflanzliches Eiweiß hingegen, wie es reichlich in Soja

und Tofu steckt, bekam ihnen sehr gut. Der Verzehr von Milchprodukten regte bei ihnen die vermehrte Schleimproduktion in den Nebenhöhlen und Atemwegen an. Nach körperlichen Aktivitäten waren sie schnell erschöpft. Bei leichteren Übungen wie Yoga fühlten sie sich jedoch frisch und energiegeladen.
Als regelrechte Fleischesser erwiesen sich die Patienten mit der Blutgruppe 0. Tierisches Eiweiß schien genau das Richtige für sie zu sein. Sie fühlten sich gestärkt, wenn sie sich körperlich tüchtig ins Zeug legten, wie etwa beim Joggen.
1980 veröffentlichte James D'Adamo seine Erkenntnisse zusammen mit Ratschlägen für eine entsprechende Ernährung in dem Buch »One Man's Food«. Seine Blutgruppentheorie, die vorrangig auf subjektiven Beobachtungen beruhte, wurde von seinem Sohn Peter bereits zwei Jahre später auf den wissenschaftlichen Prüfstand gestellt.

Eine bahnbrechende Erkenntnis und ihre Folgen

Der 1956 geborene Peter D'Adamo war noch in der klinischen Ausbildung, als er in der medizinischen Fachliteratur stöberte, um den Zusammenhängen zwischen bestimmten Krankheitsbildern und der Blutgruppenzugehörigkeit nachzugehen. Was er fand, bezeichnet er selbst als bahnbrechende Erkenntnis. Er entdeckte, dass Menschen mit der Blutgruppe 0 häufiger zu Magenerkrankungen neigen, die Ärzte als peptische Ulzera bezeichnen. Es handelt sich dabei um Magengeschwüre, die durch die Einwirkung von Verdauungssäften entstehen. (Nach neuesten mikrobiologischen und molekularbiologischen Erkenntnissen weiß man, dass sich bei Menschen mit der Blutgruppe 0 häufiger als bei anderen der Keim Helicobacter pylori in der Magenschleimhaut ansiedelt. Der erst seit Anfang der 80er Jahre bekannte Erreger wird für Entzündungen der Magenschleimhaut und für Magenkrebs verantwortlich gemacht.) Bei der Blutgruppe A hingegen fand D'Adamo den Hinweis auf einen Typ Magenkrebs, der mit einer verminderten Magensaftproduktion einhergeht. Auch von der perniziösen Anämie scheinen Menschen mit der Blutgruppe A häufiger betroffen zu sein. Diese Stoffwechselstörung in der Magenschleimhaut verhindert unter anderem die Aufnahme von Vitamin B12, ohne das die roten Blutkörperchen nicht reifen können. Diese erstaunliche Entdeckung bestätigte in mancher Hinsicht das, was Peter D'Adamos Vater bereits herausgefunden hatte. Dass nämlich Patienten mit der Blutgruppe 0 diejenigen Lebensmittel gut vertragen, für deren Verdauung der Körper reichlich Magensäure produziert. Daraufhin begann Dr. D'Adamo junior, sich intensiv mit den Beziehungen von Lebens- und Ernährungsweise, Gesundheit und Krankheit in Hinblick auf die Blutgruppenzugehörigkeit zu beschäftigen.

Neue Kostform – in den USA erfolgreich getestet

Heute ist Dr. Peter D'Adamo einer der bekanntesten Naturheilmediziner in den Vereinigten Staaten. Er und seine Kollegen haben mittlerweile bei Tausenden von Patienten untersucht, wie gut oder schlecht ihnen bestimmte Nahrungsmittel bekommen – und dies mit ihrer Blutgruppe in Verbindung gebracht.
Was dabei herauskam, lässt sich so umreißen:

- Für Menschen mit der Blutgruppe 0 ist Fleisch offenbar ein gefundenes Fressen. Sie sollten ihre Energie möglichst aus tierischem Eiweiß beziehen. Weizen sollten sie meiden, da das darin enthaltene Gluten (unlösliches Klebereiweiß) nicht gut vertragen wird.
- Menschen mit der Blutgruppe A sollten statt Fleisch besser pflanzliches Eiweiß als Energiequelle nutzen und Milchprodukte meiden, da diese bei ihnen zu Verschleimung führen.
- Menschen mit Blutgruppe B sind ausgewogene Allesesser, denen Fleisch ebenso gut bekommt wie Milchprodukte, Gemüse und Getreide.

- Menschen mit Blutgruppe AB haben einen empfindlichen Verdauungstrakt, sie sollten einer ausgewogenen Mischkost den Vorzug geben.

Auf Basis der langjährigen Untersuchungen und Praxiserfahrungen haben die Mediziner ein Ernährungsprogramm entwickelt, das exakt auf die individuellen genetischen, immunologischen und biochemischen Besonderheiten der Blutgruppen 0, A, B und AB abgestimmt ist.

Um sich schmackhaft, vielseitig und gesund zu ernähren, brauchen Sie nichts weiter zu tun, als die typischen Merkmale und Eigenschaften Ihrer eigenen Blutgruppe im Auge zu behalten. Sehen Sie die Blutgruppe als Kompass an, der Ihnen den Weg in die richtige Richtung weist.

Wenn Sie sich im Alltag konsequent nach der Blutgruppen-Diät ernähren, werden Sie schon bald feststellen, dass Sie sich insgesamt besser fühlen, dass Sie fit und leistungsfähiger sind – und dass sich Ihr Gewicht langsam, aber sicher normalisiert.

Wie unsere Blutgruppen entstanden – vom urzeitlichen Jäger zum Allesesser

Sieht man sich einmal näher an, wie sich die Blutgruppen während der Menschheitsgeschichte entwickelt haben, dann fällt auf, dass sich die einzelnen Bluttypen bei der Verdauung und der Immunabwehr augenscheinlich am stärksten unterscheiden. Und das aus einem einfachen Grund: Seit grauer Vorzeit musste sich der Mensch den wandelnden Existenzbedingungen anpassen, um zu überleben. Er musste gegen Eis und Frost kämpfen, dramatische Klimaveränderungen ertragen, Angriffe wilder Tiere abwehren, Krankheiten überstehen, mit anderen Menschen näher zusammenrücken und nicht zuletzt seine Ernährung grundlegend umstellen. Das führte im Laufe der Erdgeschichte dazu, dass sich die physischen, psychischen und sozialen Eigenschaften des Menschen radikal veränderten. Vor allem auch das Immun- und das Verdauungssystem mussten sich auf die neuen Bedingungen einstellen, um dem Kampf um Leben und Tod im Alltag gewachsen zu sein.

Blutgruppe 0 – die Fleischesser

Das ist die älteste Blutgruppe. Sie entwickelte sich etwa 40000 v. Chr. Damals existierte der Cromagnon-Mensch (benannt nach dem Fundort in der Dordogne, Südfrankreich), ein uns bereits sehr ähnlicher Typus. Er lebte vermutlich im heutigen Indien. Sein älterer Zeitgenosse, der Neandertaler, lebte in der letzten Eiszeit in den Tundren und offenen Wäldern. Warum sich seine Spuren um 30000 v. Chr. im europäischen Raum verlieren, weiß man nicht genau. Man nimmt an, dass er dem Kampf um die Lebensgrundlagen nicht gewachsen war. Die Cromagnon-Menschen waren geschickte und listige Jäger, die vielfältige Werkzeuge und Waffen (Speere, Lanzen, Keulen) herstellen und benutzen konnten. Da sie sich von Fleisch ernährten, war tierisches Eiweiß ihre Hauptenergiequelle. In dieser Zeit bildeten sich die wesentlichen Merkmale des Verdauungssystems der Blutgruppe 0 aus.
Die Cromagnon-Menschen vermehrten sich rasant, mit der Folge, dass ein Kampf um die Jagdgründe begann. Die Beute reichte nicht mehr aus, um alle zu ernähren. Auf der Suche nach neuen Reservoirs wanderten sie um 20000 v. Chr. in Europa ein und verbreiteten sich über alle Kontinente. Hier änderte sich vermutlich ihr Ernährungsverhalten, nachdem sie die Tierbestände so drastisch reduziert hatten, dass sie sich von der Jagd allein nicht mehr ernähren konnten. Notgedrungen begannen sie, alles zu essen, was sie verdauen konnten: Früchte, Insekten, Nüsse, Wurzeln und Kleingetier, in den Küstenregionen auch Fische.
Die »Blutgruppe der Fleischesser« ist heute weltweit die häufigs-

te Blutgruppe. Hierzulande haben etwa 38 bis 40 Prozent der Bevölkerung Blut vom Typ 0. Diese Menschen besitzen ihrer genetischen Ausstattung zufolge ein starkes, widerstandsfähiges Immunsystem und einen ausgeprägten Behauptungswillen.

Blutgruppe A – die Vegetarier

Sie tauchte als zweite Blutgruppe erstmals in der Jungsteinzeit (25000 bis 15000 v. Chr.) auf, vermutlich in Asien oder dem Mittleren Osten. Die Menschen waren sesshaft geworden, sie lebten in häuslichen, landwirtschaftlichen Gemeinschaften. Sie konnten sich nun selbst versorgen, denn sie hatten gelernt, Getreide anzubauen und Vieh zu züchten. Der Fleischkonsum ging zugunsten pflanzlicher Nährstoffe drastisch zurück. Dieser radikale Wandel in den Umweltbedingungen und in der Ernährung wirkte sich vor allem im Verdauungstrakt und Immunsystem aus. Das einfache Verdauungssystem der Jäger und Sammler musste sich auf die neue, vorwiegend vegetarische Kost der Jungsteinzeitvölker einstellen, um sie entsprechend zu verarbeiten. Überdies mussten die Agrarier angesichts der dicht besiedelten Gebiete besonders widerstandsfähig gegen Infektionen sein, um zu überleben. Die Gene der Blutgruppe A gelangten schließlich über Asien und den Vorderen Orient nach Europa. Allmählich verlor der Verdauungsapparat die Fähigkeit, fleischliche Nahrung zu verarbeiten.
Die Blutgruppe A ist unter Westeuropäern am häufigsten verbreitet. 43 bis 45 Prozent der Deutschen haben diese Blutgruppe. Ihr wesentliches Charakteristikum, das sie von ihren Vorfahren mitbekommen haben, ist die gute Verträglichkeit überwiegend pflanzlicher Kost – sowie ihr ausgeprägter Gemeinschaftssinn.

Blutgruppe B – die (beinahe) Allesesser

Sie entstand etwa zwischen 15000 und 10000 v. Chr. in den Bergen des westlichen Himalajas. Die Menschen waren vom östlichen Afrika aus nach Europa, Asien und Nord-, Mittel- und Südamerika gezogen. Blutgruppe B war in dieser Epoche beispielsweise typisch für Menschen, die in Südostasien und in den Steppen Eurasiens lebten. Ihre Nahrung bezogen sie aus der Haltung von Tierherden, vor allem Milch- und Agrarprodukte spielten eine große Rolle. Allgemein wird die Blutgruppe B mit Kulturen in Zusammenhang gebracht, die größere Mengen von fermentierten Milchprodukten verzehrten.

Als die Mongolen in Asien vordrangen, bildeten sich zwei getrennte Gruppen mit Bluttyp B. Eine sesshafte Gruppe ließ sich im Süden und Osten des Kontinents nieder und war vorwiegend landwirtschaftlich ausgerichtet. Eine nomadische, kriegerische Gruppe drang bis in den Osten Europas vor.

Die Nachwirkungen sind heute noch zu erkennen: Verglichen mit den westlichen Nachbarn haben in Deutschland und Österreich erstaunlich viele Menschen, nämlich jeder zehnte, die Blutgruppe vom Typ B. Die Träger der Blutgruppe B haben von ihren Urahnen als biologisches Vermächtnis eine besonders gute Anpassungsfähigkeit an die verschiedenen Lebenslagen mitbekommen.

Blutgruppe AB – die modernen Mischköstler

Das ist die jüngste aller Blutgruppen, die obendrein sehr selten vorkommt. Nur knapp fünf Prozent der Menschen haben diesen Bluttyp, der gerade mal 1000 bis 1200 Jahre alt ist. Er ist das Ergebnis der Vermischung von Völkerstämmen mit den Blutgruppen A und B, zum Beispiel von Kaukasiern mit der Blutgruppe A und Mongolen mit der Blutgruppe B.

Das Immunsystem von Menschen mit der Blutgruppe AB weist besondere Eigenschaften auf. Es ist in der Lage, spezielle Antikörper gegen bakterielle Erreger zu bilden, sodass Allergien und bestimmte Autoimmunkrankheiten bei ihnen seltener sind. Dafür besteht, so haben Wissenschaftler herausgefunden, eine größere

Anfälligkeit für bestimmte Krebserkrankungen. Auch der Verdauungstrakt ist recht empfindlich. Der amerikanische Blutgruppenforscher D'Adamo sieht in den Menschen dieses Bluttyps die »zarten Nachkommen einer seltenen Verbindung zwischen dem duldsamen Menschen mit der Blutgruppe A und dem einst barbarischen, aber ausgeglichenen Typ B«. Da diese Neuzeitmenschen die Eigenschaften der A- und B-Gruppe in sich vereinen, kommt für sie vor allem eine ausgewogene Mischkost in Frage.

Bestimmte Nahrungsstoffe greifen das Blut an

Die Rekonstruktion der Entstehung unserer Blutgruppen ist natürlich nur ein kleines Element, das sich in das gesamte Puzzle einfügt. Es hilft uns, eine Vorstellung davon zu bekommen, welche Nahrung wir unserer Blutgruppe zufolge am besten vertragen, weil der Organismus sich über eine unvorstellbar lange Zeit daran angepasst hat.

Was es mit dem Rhesusfaktor auf sich hat

Um die richtige Nahrungsmittelauswahl zu treffen, ist der so genannte Rhesusfaktor oder Rh-Faktor des Blutes unerheblich (etwa 85 Prozent der Menschen sind Rh-positiv, nur 15 Prozent Rh-negativ). Der Rhesusfaktor spielt bei der Blutgruppen-Diät deshalb eine unbedeutende Rolle, weil, so erklärt es Blutgruppenforscher Dr. D'Adamo, 90 Prozent aller Faktoren, die die Blutgruppe begründen, mit der primären Blutgruppe, also 0, A, B oder AB, verbunden sind. Die Rhesusfaktoren werden als Antikörper im Blut jedoch äußerst wichtig, wenn es darum geht, eine Rhesusprophylaxe bei Mutter und Neugeborenem einzuleiten oder Vaterschaftsnachweise zu erbringen.

Bestimmte Nahrungsstoffe greifen das Blut an

Ernährungsfachleute und Blutgruppenforscher haben darüber hinaus in jahrelangen Untersuchungen biochemische Reaktionen analysiert, um herauszufinden, warum ein und dieselbe Kost von Menschen mit verschiedenen Bluttypen nicht gleich gut vertragen wird. Sie kamen zu einem ganz erstaunlichen Ergebnis: Schuld daran sind bestimmte Eiweißstoffe in den Nahrungsmitteln, die den spezifischen Immunstoffen der Blutgruppen zum Verwechseln ähnlich sind. Und das bedeutet: Sobald wir ein Nahrungsmittel verzehren, das unserer Blutgruppe nicht entspricht, steht die körpereigene Abwehr bereits in den Startlöchern, um gegen die fremden Eindringlinge zu Felde zu ziehen.

Was passiert, wenn das Blut Antikörper bildet

Wir wissen heute, warum Blut der verschiedenen Typen nicht beliebig austauschbar ist. Da die Blutgruppen gegeneinander gerichtete Antikörper (Eiweißstoffe) ausbilden, nimmt der Organismus bei Blutübertragungen nur dann fremdes Blut an, wenn sich die Blutgruppen des Empfängers und Spenders vertragen. Andernfalls könnte es zu einer (unter Umständen lebensbedrohlichen) Unverträglichkeitsreaktion kommen.

Lediglich das Blut der »universellen« Blutgruppe 0 kann man notfalls Menschen aller anderen Blutgruppen übertragen. Wer selbst Blutgruppe 0 hat, kann allerdings wiederum nur das Blut der Gruppe 0 empfangen. Dagegen sind Menschen mit der Blutgruppe AB für das Blut aller anderen Gruppen »empfänglich«. Bei Bluttransfusionen überträgt man heute jedoch nur das Blut gleicher Blutgruppen.

Jede Blutgruppe hat ihre eigene Abwehrtruppe

Die unveränderlichen, typischen Merkmale, die wir mit der Blutgruppe vererbt bekommen, befinden sich vor allem in den Membranen der roten Blutkörperchen (Erythrozyten). Das körpereigene Abwehrsystem nutzt diese chemischen Merkmale (Antigene), um artfremde Eindringlinge zu erkennen und spezielle Immunstoffe, so genannte Antikörper, dagegen zu bilden. Diese Antikörper sind in der Lage, sich an die fremden Antigene zu heften, sie zu markieren und schließlich zu vernichten. Die Abwehrstoffe des Blutes können die Eindringlinge, zum Beispiel Bakterien, Viren, Parasiten oder Zellen, aber auch unschädlich machen, indem sie sich so mit ihnen verkleben, dass sie verklumpen – medizinisch: agglutinieren – und dadurch aktionsunfähig werden. Da die Blutgruppen auch Antikörper gegen andere Blutgruppen bilden, kann es beim Zusammentreffen verschiedener Blutgruppen ebenfalls zu dieser Art von Abwehrreaktion kommen.

Bei den Antikörpern des Blutes gibt es allerdings eine Besonderheit: Während das Immunsystem die übrigen Antikörper meist erst dann bildet, wenn sie im Abwehrkampf gebraucht werden, etwa bei einer Infektion oder Impfung, bekommen wir die Antikörper des Blutes praktisch in die Wiege gelegt. Es dauert dann noch etwa vier Monate, bis ihre Zahl die volle Truppenstärke annähernd erreicht hat.

Wozu die anhänglichen Eiweiß-Lektine fähig sind

Dass die Blutgruppen Antikörper gegen andere Blutgruppen produzieren, weiß man erst seit etwa hundert Jahren. Inzwischen haben Wissenschaftler noch eine bemerkenswerte Beobachtung gemacht, die ihnen als Beweis dafür dient, dass es tatsächlich eine Beziehung zwischen Ernährung und Blutgruppen gibt: Bestimmte Stoffe in den Nahrungsmitteln können die Zellen von bestimmten Bluttypen ebenfalls verklumpen – und damit zu einer Art Abstoßungsreaktion führen.

Als Übeltäter haben die Forscher die Lektine ausgemacht. Das sind bestimmte Eiweißverbindungen, die naturgemäß die Aufgabe haben, sich mit anderen Organismen zu verbinden. Sie sind so

Die Merkmale der Blutgruppen

Der Name der Blutgruppe weist auf die jeweiligen Antigene hin: Die roten Blutkörperchen der Blutgruppe A besitzen A-Antigene, bei Bluttyp B sind B-Antigene und bei Bluttyp AB A- und B-Antigene vorhanden. Blutgruppe 0 besitzt keine Antigene. Daher kann dieses Blut bei Menschen mit einer anderen Blutgruppe notfalls als Spenderblut dienen.

Der Bluttyp A enthält B-Antikörper, das Blut vom Typ B dagegen A-Antikörper. Der Bluttyp 0 hat A- und B-Antikörper, während die Blutgruppe AB keine Antikörper besitzt.

etwas wie natürliche Superklebstoffe, die von körpereigenen Abwehrstoffen, aber auch von Bakterien, Viren oder Parasiten dazu benutzt werden, sich an andere lebende Organismen anzuhängen. Die Lektine sind also in zweierlei Hinsicht wirksam: Sie nützen uns, beispielsweise in den Gallengängen und auf der Oberfläche der Leber, wo sie mithelfen, Krankheitserreger dingfest zu machen. Sie schaden uns, wenn sie beispielsweise von Viren oder Bakterien gegen eine bestimmte Blutgruppe eingesetzt werden.

Uns interessieren aber vor allem diejenigen Lektine, die mit der Nahrung in den Körper gelangen und sich mit einigen Bluttypen nicht vertragen. Sind diese Eiweißstoffe erst einmal in den Blutkreislauf gelangt, gehen sie blindwütig ans Werk. Sie nehmen sich ein Organ oder gleich ein ganzes Organsystem vor, wie etwa Nieren, Leber, Gehirn oder den Magen, um an Ort und Stelle die Blutzellen zu verklumpen und zu zerstören. Ganz so, als müsse ein fremder Eindringling überwältigt werden.

Da die gleichen Lektine die Zellen anderer Blutgruppen verscho-

Lektine helfen, Krankheiten aufzuspüren
Bestimmte Lebensmittel-Lektine regen die weißen Blutkörperchen dazu an, sich zu vermehren. Sie hängen sich wie eine Klette an eine Zelle und zwingen so beispielsweise die Lymphozyten des Immunsystems dazu, sich zu teilen. Die immunstimulierende Eigenschaft der so genannten Pokeweed-Mitogene, Lektinen aus der Phytolacca-Pflanze (Kermesbeere), wird von Medizinern längst als Hilfsmittel in der immunologischen Diagnostik und Forschung genutzt.

nen, gehen die Experten davon aus, dass ein und dasselbe Nahrungsmittel den Zellen einer bestimmten Blutgruppe nützt, den Zellen eines anderen Bluttyps hingegen schadet. Die Verklumpungen führen unter anderem dazu, dass die Aufnahme und Verarbeitung von Nahrung nicht einwandfrei funktioniert. Die sichtbaren Folgen eines gestörten Stoffwechsels sind beispielsweise unschöne Fettdepots und Wassereinlagerungen (Ödeme). Und das sind noch die eher harmlosen Folgen. Auch eine entzündete Darmschleimhaut, Lebererkrankungen oder Nierenschwäche können letztlich auf das Konto der Lektine gehen.

Typisch Lektine: Dem Bluttyp A vermiesen sie die Milch
Ein Paradebeispiel dafür, wie Lebensmittel-Lektine für Blutgruppen-Antigene zum roten Tuch werden, ist die Milch, die ähnliche Eigenschaften wie der Bluttyp B hat. Trinkt ein Mensch mit dem Bluttyp A davon, setzt unmittelbar danach die Verklumpung oder Agglutination ein. Denn der Organismus versucht auf diese Weise, die Milch abzustoßen – ein klassischer Fall von Nahrungsmittelunverträglichkeit. Die Lektine in der Milch konnten den Ma-

gen unversehrt passieren, da Magensäure diesem Superklebstoff nichts anhaben kann. Man nimmt an, dass diese Eiweiß-Lektine direkt über die Schleimhaut des Magen-Darm-Traktes oder mit den verdauten Bestandteilen der Milch in den Blutkreislauf gelangen und sich von dort aus irgendwo im Körper festsetzen.

Eine winzige Menge kann großen Schaden anrichten

Den meisten Schaden richtet genaugenommen nur ein Bruchteil der Lektine an. Aber bereits eine winzige Menge reicht aus, um eine riesige Zahl von Zellen zu verklumpen, vor allem, wenn es

Urintest zeigt, welche Nahrung dem Körper nicht bekommt

Um die Unverträglichkeit von Nahrungsmitteln aufzuspüren, verwenden Ärzte und Heilpraktiker einen einfachen Urintest: Mit der Indikan-Probe läßt sich der Grad der Darmfäulnis messen. Wenn Leber und Darm die Eiweißkörper (Proteine) nur unvollständig verstoffwechseln (metabolisieren), bilden sich giftige Substanzen, die Indole. Je mehr von diesen Stoffen im Harn vorhanden sind, umso intensiver färbt sich bei diesem Test der Urin blau. Anhand des Indikan-Tests kann leicht abgelesen werden, ob ein Nahrungsmittel im Organismus eine »giftige« Wirkung hat. Das Verblüffende an dieser Urinuntersuchung ist, dass ein und dasselbe Nahrungsmittel bei verschiedenen Menschen völlig unterschiedliche Ergebnisse erbringt. Während beim einen beispielsweise nach dem Verzehr von Weizenvollkorngebäck kaum Indikan im Urin nachweisbar ist, zeigt die Indikan-Probe bei Menschen mit der Blutgruppe 0 einen so hohen Giftstoffgehalt an, als hätten sie die neunzigfache Menge des Gebäcks gegessen.

sich um Lektine handelt, die es auf eine bestimmte Blutgruppe abgesehen haben. Das hängt vermutlich damit zusammen, dass ein Lektin-Molekül in der Lage ist, über eine so genannte Lektin-Brücke gleich mehrere Blutkörperchen miteinander zu verbinden. Etwa fünf Prozent der Lektine, die wir mit dem Essen aufnehmen, gelingt es, der körpereigenen Abwehr zu entwischen. Sie gelangen in den Blutstrom, wo sie mit roten und weißen Blutkörperchen (Erythrozyten und Leukozyten) in Kontakt kommen und sie zerstören. Im Verdauungstrakt führen die Lektine zu einer starken Entzündung der Darmschleimhaut. Auch das Nervengewebe wird von dem Angriff der Lektine häufig nicht verschont.

Mit den verträglichen Lektinen auf guten Fuß stellen

Trotz dieser teilweise massiven Reaktionen des Organismus bedeutet das nun nicht, dass Sie höllisch aufpassen müssen, in welchen Nahrungsmitteln Lektine vorkommen. Es ist praktisch nicht möglich, Lektine aus der Nahrung zu verbannen. Ob Sie Gemüse oder Getreide, Fisch oder Hülsenfrüchte essen, Lektine sind darin besonders reichlich vorhanden. Und einige von ihnen haben ja durchaus ihre guten Seiten. Denken Sie nur an die eingangs erwähnten Lektine, die in den Gallengängen ihre nützliche Arbeit verrichten. Wichtig ist, das Augenmerk auf die Nahrung zu richten, deren Lektine sich nicht mit der eigenen Blutgruppe vertragen. Wenn Sie beispielsweise Blutgruppe 0 haben, dann ist es ratsam, keine Weizenprodukte zu essen. Denn das darin enthaltene Klebereiweiß (Gluten) ist eine Form von Lektinen, die gerade bei Menschen mit dem Bluttyp 0 den Dünndarm stark reizen können. Oder Limabohnen: Sie agglutinieren nur das Blut vom Typ A, verschonen aber Typ B und 0. Auch Tomaten, Auberginen und Kartoffeln haben es in sich. Man nimmt sogar an, dass die Lektine in diesen Nachtschattengewächsen für entzündliche Gelenkbeschwerden wie der rheumatoiden Arthritis verantwortlich sind.

Wie die Blutgruppen-Diät funktioniert

Auf die richtige Auswahl kommt es an

Mit der Blutgruppen-Diät ist es ganz leicht, sich gesund zu ernähren – und langsam, aber sicher sein Idealgewicht zu erreichen. Kein lästiges Kalorienzählen und kein grammweises Abwiegen von vorgeschriebenen Mengen wird dabei von Ihnen verlangt. Und Sie müssen auch nicht von heute auf morgen ihre bisherigen Essgewohnheiten und Geschmacksvorlieben an den Nagel hängen. Es ist viel einfacher: Sie wählen für Ihren Speiseplan diejenigen vorteilhaften Nahrungsmittel aus, die Ihrem individuellen Bluttyp zufolge besonders bekömmlich sind, und kombinieren sie nach Lust und Laune mit den neutralen Lebensmitteln, die Ihnen schmecken. So können Sie ganz sicher sein, dass Ihr Verdauungssystem mit den ausgewählten Speisen bestens zurechtkommt. Sie können sich darauf verlassen: Ihre Blutgruppe ist so etwas wie ein biologischer Kompass, der Ihnen den Weg in die richtige Richtung zeigt.

Der Genuss darf nicht zu kurz kommen

Auf den nächsten Seiten sind diejenigen Nahrungsmittel, Gewürze und Getränke aufgeführt, die von Menschen mit der Blutgruppe 0, A, B oder AB jeweils besonders gut vertragen werden – oder die sie unbedingt vom Speiseplan streichen sollten.
Es gibt bei der Blutgruppen-Diät insgesamt drei Kategorien an Nahrungsmitteln: »Vorteilhaft«, »Neutral« und »Vermeiden«. Als

Faustregel gilt dabei: Vorteilhafte Nahrungsmittel wirken wie Heilmittel, neutrale Nahrungsmittel dienen in erster Linie der Ernährung, und zu vermeidende Nahrungsmittel sind – »hoch dosiert« – wie Gift für den Körper.

Sie können Ihre täglichen Mahlzeiten im Nu aus folgenden Nahrungsmittelgruppen zusammenstellen:

- Fleisch und Geflügel
- Fische, Krusten- und Schalentiere
- Milchprodukte, Käse und Eier
- Öle und Fette
- Nüsse und Samen
- Bohnen und Hülsenfrüchte
- Getreide, Teig- und Backwaren
- Gemüse
- Obst
- Obst- und Gemüsesäfte
- Küchenkräuter und Gewürze
- Kräutertees
- Getränke

(Die Nahrungsmittel in den verschiedenen Kategorien sind jeweils alphabetisch aufgelistet.)

Für jede Blutgruppe werden insgesamt rund 300 Nahrungsmittel empfohlen. Die Auswahl ist also reichlich – und es ist bestimmt einiges dabei, was Sie ohnehin sehr gern essen. Wenn Sie Ihre Lieblingskost in der Kategorie »Vorteilhaft« finden, ist das natürlich eine feine Sache. Steht sie in der Kategorie »Neutral«, ist das auch in Ordnung. Diese Nahrungsmittel runden die Mahlzeiten soweit ab, dass Sie insgesamt alle wichtigen Vitalstoffe erhalten, und sind so abwechslungsreich, dass auch der Genuss nicht zu kurz kommt. Natürlich sollten Sie auf die als vorteilhaft eingestuften Nahrungsmittel ein besonderes Auge haben.

Die Empfehlungen zur Blutgruppen-Diät basieren auf dem Ernährungsprogramm, das der amerikanische Arzt und Naturheiler Dr. Peter D'Adamo entwickelt hat. Seine revolutionären Ideen hat er (gemeinsam mit der Koautorin Catherine Withney) unlängst in dem Buch »Eat Right 4 Your Type: Four Blood Types, Four Diets«* vorgestellt.

Unter den Nahrungsmitteln, die Dr. D'Adamo in vielen Jahren getestet hat, sind einige wenige, die bei uns eher selten auf den Tisch kommen (wie etwa Süßkartoffeln). Einige Gewürze bekommen Sie am ehesten im Reformhaus oder Naturkostladen (wie etwa Algenextrakte, Tamari, Karob oder Pfeilwurzelmehl). Doch werfen Sie nur einmal einen Blick auf die Menüvorschläge im dritten Kapitel – und Sie werden sehen, dass (vielleicht noch) nicht so häufig verwendete Zutaten bestens mit unseren vielseitigen Mahlzeiten harmonieren.

Steuern Sie Ihr Idealgewicht langsam an

Bevor Sie mit der Blutgruppen-Diät starten, sollten Sie jedoch eines beherzigen: Versuchen Sie Ihr Wunschgewicht nicht zu schnell anzusteuern! Dass man nicht zu rasant vorgehen soll, trifft genau genommen ja auf alle Schlankheitsprogramme zu. Es ist schließlich nichts gewonnen, wenn man so schnell abnimmt, dass das Immunsystem nicht mehr Schritt halten kann. Wer möchte schon mit der Körperfülle die Widerstandskraft gegen Infektionen verlieren! Beschränken Sie sich also keinesfalls nur auf die als sehr bekömmlich eingestuften Lebensmittel. Ihnen fehlen sonst womöglich einige wichtige Nährstoffe, die Ihr Körper braucht, um gesund und fit zu sein. Schließlich ist es das erklärte Ziel der Blutgruppen-Diät, eine optimale körperliche und geistige Fitness zu erreichen. Dass Sie dabei auch ihre überflüssigen Pfunde verlieren, sollte eine ganz natürliche »Nebenwirkung« sein.

*Darin beschäftigt sich Dr. D'Adamo neben der Ernährung auch damit, wie Lebensweise, Gesundheit und Krankheit mit dem jeweiligen Bluttyp zusammenhängen.

Experimentieren Sie ruhig ein bisschen

Und auch das ist wichtig zu wissen: Die gezielt auf Ihren Stoffwechsel abgestimmte Ernährung setzt im Körper einiges in Gang. Sie stellt unter anderem die natürlichen Schutzfunktionen des Immunsystems wieder her. Sie regt die Verdauungs- und Darmtä-

Kennen Sie Ihre Blutgruppe überhaupt?

So können Sie Ihren Bluttyp herausfinden:

- Schauen Sie in Ihrem Impfpass nach, dort sollte die Blutgruppe eingetragen sein.
- Fragen Sie in der Hausarztpraxis nach – Ihre Blutgruppe sollte in der Patientenkartei stehen.
- Lassen Sie Ihre Blutgruppe vom Arzt bestimmen: Er wird Ihnen dazu ein wenig Blut aus der Vene abzapfen. Diesen Test müssen Sie aus der eigenen Tasche bezahlen, sofern kein medizinischer Grund vorliegt. Der Arzt wird Ihnen womöglich noch eine Beratungsgebühr in Rechnung stellen. Erkundigen Sie sich im Zweifel vor der Konsultation nach dem Endpreis.
- Eine gute Gelegenheit, die eigene Blutgruppe zu erfahren, ist der Gesundheits-Checkup. Wer 35 Jahre alt und krankenversichert ist, dem steht diese Vorsorgeuntersuchung alle zwei Jahre kostenlos zu. Lassen Sie bei den Bluttests, die dabei ohnehin fällig sind, die Blutgruppe gleich mitbestimmen.
- Eine andere Möglichkeit, seine Blutgruppe herauszufinden, ist: Spenden Sie Blut! Damit schlagen Sie gleich zwei Fliegen mit einer Klappe. Sie tun ein gutes Werk und erfahren zudem kostenlos an Ort und Stelle, welcher Blutgruppe Ihr Lebenssaft angehört.

tigkeit an. Sie steigert die Aktivität der am Stoffwechsel beteiligten Organe wie Leber, Galle, Niere und Bauchspeicheldrüse. Der Organismus versucht daraufhin vermehrt, überflüssige und schädliche Stoffwechselabfälle loszuwerden und das Blut von den gefährlichen Superklebstoffen, den Lektinen, zu reinigen. Das ist zunächst ziemlich harte Arbeit für den Organismus – was sich je nach Blutgruppenzugehörigkeit unterschiedlich stark bemerkbar machen kann. Beispielsweise durch eine gestörte Verdauung. Auch deshalb noch einmal der Rat: Geben Sie sich nicht die Peitsche, sondern lassen Sie es sanft angehen. Es bringt nichts, wenn die Ernährungsumstellung Knall auf Fall vonstatten geht. Der Körper kann nicht im Eilschritt nachholen, was bislang auf der Strecke geblieben ist. Am besten, Sie experimentieren in den ersten Wochen ein bisschen, so finden Sie Ihre Lieblingskombination an Nahrungsmitteln am ehesten heraus. Greifen Sie einfach spontan nach dem einen oder anderen Nahrungsmittel aus der Kategorie »Vorteilhaft«, falls es zuvor nur selten oder noch nie auf den Tisch gekommen ist. Das gilt vor allem, wenn Sie bisher Ihre Kost allein nach Geschmack oder aus Gewohnheit aus ganz bestimmten Zutaten zusammengestellt haben.

Es wird Ihnen leichter fallen, Gewohntes über Bord zu werfen, wenn Sie anfänglich Ihre Mahlzeiten mit den Nahrungsmitteln ergänzen, die in der Rubrik »Neutral« stehen. Streichen Sie aber jene neutralen Lebensmittel von der Liste, von denen Sie wissen, dass es Ihre persönlichen Dickmacher sind oder dass sie Ihnen aus anderen Gründen nicht gut tun.

Wichtig ist, dass Sie Ihrem Körper genügend Zeit geben, für die »bekömmlichen« Speisen eine Vorliebe zu entwickeln.

Und noch etwas: Ins Gewicht fallen können im wahrsten Sinn des Wortes auch die Vitamine, Mineralstoffe, Spurenelemente und anderen Biostoffe, die Sie zusätzlich zur Nahrung einnehmen. Ganz abgesehen davon, dass diese Nahrungsergänzungsmittel ohnehin nicht unkritisch konsumiert werden sollten, da sie das natürliche biologische Gleichgewicht durcheinanderbringen können. Sie werden von Menschen unterschiedlicher Blutgruppen nicht in gleicher Weise vertragen. Dazu zählen auch Phytotherapeutika, also pflanzliche Heilmittel, die es in verschiedenen Zubereitungsformen (zum Beispiel als Tee, Tropfen, Tabletten) zu kaufen gibt.

Beraten Sie sich mit Ihrem Arzt, falls Sie nicht sicher sind, ob die Blutgruppen-Diät für Sie im Moment das richtige ist. Das gilt natürlich auch, wenn Sie während der Blutgruppen-Diät feststellen, dass gesundheitlich nicht alles so ist, wie es sein soll.

Blutgruppe O

Das Wichtigste auf einen Blick

Abstammung: Jäger und Sammler.
Verdauungssystem: Ziemlich robust. Produziert reichlich Magensäure (ist für die Fleischverdauung wichtig). Verträgt Getreideprodukte wie Brot und Weizenkeime sowie Milcherzeugnisse nur schlecht.
Immunsystem: Äußerst aktiv, reagiert prompt und sehr empfindlich auf neue Einflüsse und Umstellungen.
Zu empfehlen: Fleisch, Geflügel und Meeresfische wie Hering, Kabeljau oder Makrele.

Wenn's um die schlanke Linie geht ...
... sollten Sie Getreide, Brot, Bohnen und Hülsenfrüchte nur hin und wieder essen. Besonders Weizenkeime und Weizenvollkornprodukte sind für Ihr Blut vom Typ O nicht ideal. Sie enthalten zuviel Gluten-Lektine, die den Insulinstoffwechsel behindern. Die Kalorien können nur auf Sparflamme verbrennen. Es wird nicht genügend Energie freigesetzt. Die Lektine in Linsen und Kidneybohnen beispielsweise siedeln sich im Muskelgewebe an, das daraufhin basisch reagiert. Damit die Muskeln beim O-Typ leichtes Spiel haben, sollte das Säure-Basen-Gleichgewicht sich aber eher zugunsten einer leichten Übersäuerung (Azidität) verlagern. Unter anderem führt das auch zu einer schnelleren Verbrennung der Kalorien. Das gilt wohlgemerkt nur für Menschen mit der Blutgruppe O!
Wer Probleme mit der schlanken Linie hat, zu Ödemen (Wassereinlagerungen) neigt, unter Muskelkrämpfen leidet oder schnell erschöpft ist und sich nur schlecht konzentrieren kann, hat womöglich – ohne es zu ahnen – auch Probleme mit der Schilddrüse, die dann nicht genug Hormone produziert. Diese Schilddrüsenunterfunktion nennen Mediziner Hypothyreose – eine Erschei-

nung, die Blutgruppenforscher bei Menschen mit Blutgruppe 0 besonders häufig beobachten.

Dickmacher der Blutgruppe 0: Blumenkohl • Kidneybohnen • Linsen • Mais • Rosenkohl • Weißkohl • Weizen
Schlankmacher der Blutgruppe 0: Algen • Brokkoli • Fisch und Meeresfrüchte • grüner Blattkohl • rotes Fleisch (Lamm, Rind, Wild; Innereien: Leber) • Spinat

Die ideale Kost der Blutgruppe 0

FLEISCH UND GEFLÜGEL		
Vorteilhaft	**Neutral**	**Vermeiden**
Büffel	Ente	Gans
Hammel	Fasan	Schinken
Innereien: Herz, Leber	Hase/Kaninchen	Schwein
Kalb	Huhn	Speck (auch Frühstücksspeck)
Lamm	Rebhuhn	
Rind	Truthahn	
Wild (Hirsch/Reh)	Wachtel	

Was Sie zu Fleisch und Geflügel wissen sollten

- Gönnen Sie sich häufiger Fleisch, jedoch nur kleine Portionen davon (etwa 100 bis 150 Gramm pro Mahlzeit, mehr sollte es nicht sein). Dafür dürfen Sie Fleisch fünf- bis siebenmal pro Woche in den Speiseplan aufnehmen.
- Essen Sie Fleisch am besten zusammen mit dem Obst und Gemüse, das Sie in der Rubrik »Vorteilhaft« oder »Neutral« finden. Das ist ratsamer, als allzu viel Kohlenhydrate wie Brot oder Kartoffeln mit auf den Teller zu packen. Obst und Gemüse hält die Magensäuren gut in Schach und verhindert, dass die Magenschleimhäute auf zu viel tierisches Eiweiß gereizt reagieren.

- Tierisches Eiweiß gilt zwar als biologisch besonders wertvoll, doch die »Jagdbeute« unserer Zeit ist mit Hormonen und Antibiotika angereichert. Versuchen Sie daher, möglichst Fleisch von solchen Tieren zu beziehen, die mit natürlichem Futter ohne künstliche Masthilfen aufgewachsen sind.
- Wer befürchtet, durch den Fleischverzehr die schädlichen Blutfette in die Höhe zu treiben – was bekanntlich ein enormes Risiko für Herz und Gefäße sein kann –, den können die Blutgruppenforscher beruhigen. Nicht die gesättigten Fettsäuren, die wir mit dem Fleisch unweigerlich aufnehmen, sind ihrer Ansicht nach das Problem. Die wahren Übeltäter sind vielmehr die komplexen, langkettigen Kohlenhydrate, die zum Beispiel in bestimmten Weizenbrotsorten stecken. Denn sie erhöhen den Insulinspiegel. Mit der Folge, dass der Körper in den Geweben zusätzlich Fett bunkert und die Blutfettwerte entgleisen lässt.
- Leber ist nach den Erfahrungen von Blutgruppenforscher Dr. D'Adamo ein besonders vorteilhaftes Nahrungsmittel für Menschen mit der Blutgruppe 0, das der schlanken Linie zugute kommen soll. Doch denken Sie stets daran: Leber (und auch Niere) sind Entgiftungs- und Filterorgane, durch die Schadstoffe ausgeschieden werden. Essen Sie daher Leber und auch andere Innereien wie Herz, Bries, Hirn, Lunge und Zunge nur von jungen Tieren, die kaum durch Rückstände belastet sind.

Was Sie zu Fisch, Krusten- und Schalentieren wissen sollten

- Fisch ist die ideale Kost für Menschen mit der Blutgruppe 0. Vor allem Meeresfische mit ihrem wertvollen Fischöl sind eine hervorragende Quelle für Vitamin K, das das Blut wenn nötig (zum Beispiel bei einer Verletzung der Haut) gerinnen lässt. Für Menschen vom Bluttyp 0 ist das eine wichtige Angelegenheit. Denn es mangelt ihnen oftmals an bestimmten Blutgerin-

FISCHE, KRUSTEN- UND SCHALENTIERE			
Vorteilhaft	**Neutral**		**Vermeiden**
Alse (Maifisch) Blaufisch Flussbarsch (am. Yello Perch) Gelbschwanz (Bernsteinfisch) Hecht Heilbutt Hering Kabeljau Lachs (nicht geräuchert) Makrele Regenbogenforelle Renke/Blaufelche Roter Schnapper Sandbarsch Sardine Schwertfisch Seehecht Seezunge Stör Streifenbarsch Ziegelbarsch	Aal Anchovis (Sardellen) Austern Beluga-Kaviar Blaukiemen-Sonnenbarsch Flunder Flusskrebse/Edelkrebse Garnelen Hai Hausen/Beluga-Stör Hummer/Lobster Jakobsmuscheln Karpfen Krabben Königs-Corvina (Weakfisch) Kurzschwanzkrebs Lachsforelle/Meerforelle	Meerbarsch (Wolfsbarsch, Loup de mer) Miesmuscheln Porgy (nordam. Brasse) Rotbarsch/Goldbarsch Rotbrasse Rotzunge Sand/Klaffmuscheln Schellfisch Seeohr (Abalone) Seeteufel Segelfisch Silberbarsch (Adlerfisch) Stint Thunfisch (weiß) Tintenfisch (Kalmar) Weinbergschnecken	Barrakuda (Pfeilhecht) Hering, mariniert (Waller, Wels) Kaviar Meeresschnecken Räucherlachs Steinbeißer (Wels, Seewolf) Tintenfisch (Krake)

nungsstoffen – wie den ersten Frühzeitmenschen, von denen diese Blutgruppe abstammt.

- Ergänzen Sie die Kost mit Meeresfrüchten wie Austern, Muscheln, Krebse. Von dem darin enthaltenen Jod profitiert die eher launische Schilddrüse des O-Typs.
- Lachs zählt in geräuchertem Zustand nicht mehr zu den bekömmlichen Fischen. Marinierter oder gesalzener Hering fällt ebenfalls unter die Kategorie »Vermeiden«.

MILCHPRODUKTE, KÄSE UND EIER		
Neutral	**Vermeiden**	
Butter	Blauschimmelkäse	Kefir
Eier	Briekäse	Magermilch
Mozzarella	Buttermilch	Molke
Schafskäse (Feta)	Camembert	Monterey Jack
Sojaquark/Sojakäse (Tofu)	Cheddar	Münsterkäse
Sojamilch	Colby	Neufchâtel
Ziegenkäse	Doppelrahm-Frischkäse	Parmesan
	Edamer	Provolone
	Emmentaler	Ricotta
	Gouda	Sauerrahm
	Gruyère/Greyerzer	Schmelzkäse
	Hüttenkäse (körniger Frischkäse)	Schweizer Käse
	Jarlsberg	Speiseeis
	Joghurt	Vollmilch
		Ziegenmilch

Was Sie zu Milchprodukten, Käse und Eiern wissen sollten

- Milch brauchen Sie erst gar nicht auf Ihre Einkaufsliste zu schreiben. Oder zumindest nicht allzu häufig. Obwohl Milch auch ein tierisches Produkt ist, wird sie von Menschen mit der Blutgruppe O nicht gut vertragen: Mit Milchprodukten bekam der Verdauungstrakt des Menschen entwicklungsgeschichtlich erst zu Zeiten der Blutgruppe A zu tun (siehe Seite 18).
- Greifen Sie häufiger zu Sojamilch und Sojakäse bzw. Sojaquark (Tofu). Das sind eiweißreiche Alternativen zu tierischen Milchprodukten (deshalb stehen sie auch in dieser Tabelle), die Ihrem Stoffwechsel nicht so viel Arbeit aufbürden.
- Da Milchprodukte als Kalziumlieferanten für Sie fast aus dem Rennen sind: Gute natürliche Kalziumquellen sind Algen, Brokkoli, Karotten, Mandeln, Sesam, Sonnenblumenkerne, Sojaprodukte und Sardinen.
- Ab und zu kann auch ein Ei das Menü ergänzen – sofern es Ihnen schmeckt und bekommt.

ÖLE UND FETTE		
Vorteilhaft	**Neutral**	**Vermeiden**
Leinsamenöl Olivenöl	Butter Dorschleberöl (Lebertran) Rapsöl Sesamöl	Baumwollsaatöl Erdnussöl Färberdistelöl Kokosfett - Nussöl Maiskeimöl

Was Sie zu Ölen und Fetten wissen sollten

- Favorisieren Sie die hier genannten pflanzlichen Öle, denn sie enthalten wertvolle ungesättigte Fettsäuren, die der menschliche Stoffwechsel nicht selbst herstellen kann.
  Der Fleischesser vom Bluttyp 0 braucht sie vor allem wegen ihrer positiven Wirkungen auf zu hohe Blutfette (Cholesterin und Triglyzeride), die Herz und Gefäße schädigen können.
- Mayonnaise, in der sich ja relativ viel Fett versteckt, können Sie übrigens in Maßen genießen. Sie gilt als neutral. Ebenso wie fettarme Salatsaucen, sofern sie sich aus vorteilhaften oder zumindest aus neutralen Zutaten zusammensetzen.
- Achten Sie beim Kauf von Rapsöl darauf, dass es einen niedrigen Gehalt an Erucasäure aufweist, die in größeren Mengen als gesundheitsschädlich gilt.
- Denken Sie an die bekannte Küchenregel: Die kalt gepressten Öle dürfen Sie nicht zu stark erhitzen, da sonst wertvolle Fettsäuren und Vitamine zerstört werden.

Was Sie zu Nüssen und Samen wissen sollten

- Obwohl sich das pflanzliche Eiweiß in den Nüssen und Samen hinter dem tierischen Eiweiß nicht verstecken muss, sollten Sie Ihren Eiweißbedarf nicht allein aus dieser Nahrungsgruppe decken. Fleisch und Geflügel sind für Sie die besseren Energiequellen.

NÜSSE UND SAMEN		
Vorteilhaft	**Neutral**	**Vermeiden**
Kürbiskerne Walnüsse	Esskastanien (Maronen) Haselnüsse Hickorynüsse Macadamianüsse Mandeln Pekannüsse Pinienkerne Sesamsamen (auch Sesampaste, Tahini) Sonnenblumenkerne Tamarindensamen	Cashewnüsse Erdnüsse (auch Erdnussbutter) Kokosnüsse Mohnsamen Paranüsse Pistazien Tamarindensamen

- Knabbern Sie nicht allzu oft die fettreichen Nüsschen. Und streuen Sie die Samen nur sparsam über Salat & Co. Nicht nur wegen des hohen Fettgehalts, sondern weil so ziemlich alles aus dieser Nahrungsmittelgruppe für Ihre Verdauung eine recht harte Nuss werden kann.

BOHNEN UND HÜLSENFRÜCHTE			
Vorteilhaft	**Neutral**		**Vermeiden**
Adzukibohnen Augenbohnen Pintobohnen	Cannellini-bohnen Dicke Bohnen (Puffbohnen, Saubohnen) Erbsenschoten (Zuckerschoten) Fava-Bohnen (kleine Ackerbohnen)	Grüne Bohnen/ Mungobohnen Grüne Erbsen Kichererbsen Limabohnen Rote Bohnen Sojabohnen (rot) Schwarze Bohnen Stangenbohnen Weiße Bohnen	Berglinsen Grüne Linsen (Tellerlinsen) Kidneybohnen Perlbohnen Rote Linsen

Was Sie zu Bohnen und Hülsenfrüchten wissen sollten

- Bohnen dürfen gelegentlich als bescheidene Beilage auf den Teller. Doch Vorsicht: Außer den vier vorteilhaften Sorten ste-

cken in den übrigen Bohnen und Hülsenfrüchten allesamt Lektine, die das Säure-Basen-Gleichgewicht der Muskeln aus der Balance bringen.
Das gilt übrigens auch für Erdnüsse und Tamarinden, die botanisch zu den Hülsenfrüchten gehören (Sie finden sie in der Tabelle Nüsse und Samen).
Menschen mit der Blutgruppe 0 sind – um es noch einmal zu sagen – leistungsfähiger, wenn ihr Muskelgewebe leicht sauer (azidisch) ist.
- Versuchen Sie, die empfohlenen Bohnensorten abwechselnd in Ihre Mahlzeiten einzubauen. Sie haben ein besonderes Plus: Sie regen die Verdauung an und verhindern Magen-Darm-Geschwüre, die wegen der hohen Magensäurebildung bei Menschen vom Bluttyp 0 nachweislich häufiger vorkommen.

Was Sie zu Getreide, Teig- und Backwaren wissen sollten

- Bei Getreideprodukten ist es wie mit den Milchprodukten: Sie können ohne weiteres darauf verzichten. Wenn an Ihrem Tisch »Mitesser« der Blutgruppe A sitzen, dann erfreuen Sie diese mit der Körnerkost. Denn während Getreide Ihrem Stoffwechsel zu schaffen macht, ist das Verdauungssystem von Menschen mit Bluttyp A genetisch bestens dafür programmiert.
- Besonders unbekömmlich für Sie ist Weizen. Hier hilft es auch nicht, die »Spreu vom Weizen zu trennen«. Streichen Sie von vornherein alle Weizenprodukte von Ihrer Liste.
- Achtung: Auch den vermeintlich gesunden Kaffeeersatz aus Getreide sollten Sie aus den oben genannten Gründen vergessen.
- Falls es Ihnen anfangs schwer fällt, auf Brot ganz zu verzichten: Mit den neutralen Sorten sollte es keine Verdauungsprobleme geben.
- Eine Brotsorte ist amerikanischen Untersuchungen zufolge besonders bekömmlich: das so genannte »Essener Brot« aus ge-

GETREIDE, TEIG- UND BACKWAREN			
Neutral		**Vermeiden**	
Amaranth Basmatireis Brot aus gekeimtem Weizen (Essener Brot) Buchweizen: – Buchweizenbrot – Kascha (gerösteter Buchweizen) – Buchweizenmehl Dinkel: – Dinkelbrot – Dinkelmehl Gerste, Gerstenmehl Glutenfreies Brot Hirse, Puffhirse	Kamut (ägypt. Reis) Knäckebrot Quinoa (Reismelde) Reis: – Naturreis – Puffreis – Reiskleie – Reiswaffeln – Weißer Reis – Wilder Reis Reismehl Roggen: – Roggenbrot – Roggenmehl Sojabrot Topinambur-Paste	Buchweizennudeln (Sobanudeln) Hafer: – Haferflocken – Haferkleie – Hafermehl Haferbrot Haferkleiebrot Mais: – Cornflakes – Maismehl – Maismehlmuffins Mehrkornbrot und -flocken Pumpernickel Weizen: – Auszugsmehl (Type 405 / 550) – Bulgur, Weizengrieß – Couscous	– Grahambrot – Hartweizen (Durum) – Hartweizengrieß – Hartweizenmehl – Matzen – Vollkornweizenmehl – Weizenbrot – Weizenflocken – Weizengebäck – Weizenkeimbrot – Weizenkeime – Weizenkleie – Weizenkleiegebäck – Weizenmehl mit Keimlingen – Weizenschrot – Weizenvollkornbrot

keimten Weizenkörnern. Sobald die Weizenkörner anfangen, Sprossen zu bilden, machen sich die Gluten-Lektine dünn (fragen Sie im Reformhaus oder Naturkostladen danach).

Was Sie zu Gemüse wissen sollten

- Beim Gemüse sollten Sie zugreifen. Machen Sie von dem riesigen Angebot reichlich Gebrauch. Denn hier stecken die wichtigen essentiellen Nährstoffe drin, die der Körper unbedingt braucht.
- Lassen Sie aber die Gemüse aus der Kategorie »Vermeiden« links liegen. Sie enthalten Bestandteile, die der Gesundheit von Menschen mit Blutgruppe O eher abträglich sind. Sie reizen beispielsweise den Verdauungstrakt und können Überemp-

GEMÜSE			
Vorteilhaft	**Neutral**		**Vermeiden**
Artischocken	Adlerfarnsprossen	Paksoi (Blätterkohl)	Alfalfasprossen
Blattkohl	Bambussprossen	Paprikaschoten (grün, gelb)	Auberginen
Brokkoli	Brunnenkresse	Pilze	Avocados
Chicorée	Chilischoten	– Abalon	Blumenkohl
Escarole (glatter Endivien)	Daikon (Rettichart)	– Austern	Champignons
Feldsalat	Eisbergsalat	– Portobello	Chinakohl
Gartenkürbis	Endivien	Radicchio	Kartoffeln
Grüner Blattkohl	Enokopilze	Radieschen	Mais
Grünkohl	Feldsalat	Rettiche	Oliven (schwarz)
Knoblauch	Fenchel	Rettichsprossen	Rosenkohl
Kohlrabi	Frühlingszwiebeln	Rote Rüben/Rote Bete	Rotkohl
Lauch/Porree	Gurken	Rucola/Rauke	Senfkohlblätter
Löwenzahn	Ingwer	Schalotten	Shiitakepilze
Mangold	Karotten	Sellerie	Weißkohl
Meerrettich	Kerbel	Spargel	
Okra (Gumbofrucht)	Kopfsalat	Steckrüben	
Paprikaschoten rot	Kürbis (alle Sorten außer Gartenkürbis)	Tomaten	
Pastinaken	Mungbohnensprossen	Wasserkastanien	
Petersilie	Oliven (grün)	Yamswurzel	
Römischer Salat		Zucchini	
Seegemüse (Algen)			
Spinat			
Süßkartoffeln (Bataten)			
Topinambur			
Weiße Rüben			
Zwiebeln			

findlichkeitsreaktionen hervorrufen. Mit einigen Kohlsorten, wie Rosenkohl oder Blumenkohl, steht die Schilddrüse regelrecht auf Kriegsfuß.

- Nachtschattengewächse wie Auberginen und Kartoffeln stehen auch für Sie auf der Schattenseite, weil sie für Gelenkbeschwerden (Arthritis) mitverantwortlich sein sollen. Vom Mais weiß man, dass er die Produktion von Insulin hemmt und somit die Gewichtszunahme fördert. Und damit nicht genug. Bei einer gestörten Insulinausschüttung besteht auch das Risiko, Diabetes mellitus (Zuckerkrankheit) zu entwickeln.

- Die gute Nachricht: Tomaten können Sie getrost verspeisen. Sie zählen zwar auch zu den Nachtschattengewächsen, doch mit dieser Sorte von Lektinen wird Ihr Organismus spielend fertig.
- Das Wichtigste zum Schluss: Essen Sie viel grünes Blattgemüse (zum Beispiel Grünkohl), denn es ist besonders reich an Vitamin K. Das benötigen Menschen mit der Blutgruppe O allein schon deshalb in ausreichender Menge, weil den meisten von ihnen – wie gesagt – ein wichtiger Blutgerinnungsfaktor fehlt.

OBST

Vorteilhaft	Neutral		Vermeiden
Feigen (frisch und getrocknet)	Ananas	Karambolen (Sternfrüchte)	Brombeeren
Pflaumen (frisch und getrocknet)	Äpfel	Kirschen	Erdbeeren
Zwetschgen	Aprikosen	Kiwis	Honigmelonen
	Bananen	Kumquat	Kochbananen
	Birnen	Limetten	Lychees (Litschis)
	Blaubeeren	Limonen	Mandarinen (Tangerinen)
	Boysenbeeren	Loganbeeren	Orangen
	Datteln	Mangos	Rhabarber
	Granatäpfel	Melonen (außer Honig- und Kantaloupemelonen)	
	Grapefruits (Pampelmusen)	Nektarinen	
	Guaven	Papayas	
	Himbeeren	Pfirsiche	
	Holunderbeeren	Preiselbeeren	
	Johannisbeeren (rot und schwarz)	Rosinen	
	Kaki (Persimonen, Sharonfrüchte)	Stachelbeeren	
	Kaktusfeige	Weintrauben	
		Zitronen	

Was Sie zu Obst wissen sollten

- Sollten Sie die empfohlenen Früchte aus der Rubrik »Vorteilhaft« nur als so genanntes Studentenfutter kennen, so essen Sie von nun an häufig davon. Denn gerade Feigen, Pflaumen und Zwetschgen enthalten auch in getrocknetem Zustand basenbildende Stoffe, die der reichlich vorhandenen Magensäure beim Bluttyp 0 ein wenig den Schneid abkaufen. Als Faustregel gilt: Alle roten, blauen und violetten Früchte reagieren im Verdauungstrakt eher basisch.
- Honigmelonen gehen zwar auch als Säurehemmer ans Werk, der Magen reagiert jedoch auf diese Früchte recht empfindlich.
- Die ebenfalls säurehaltige Grapefruit akzeptiert der Magen dagegen ohne weiteres, da sie sich nach der Verdauung ganz alkalisch gibt.
- Vorsicht bei Brombeeren: Sie enthalten Lektine, die just bei Menschen mit der Blutgruppe 0 die Verdauung empfindlich stören.

OBST- UND GEMÜSESÄFTE			
Vorteilhaft	**Neutral**		**Vermeiden**
Ananassaft Dörrpflaumensaft Kirschsaft (Süßkirschen)	Aprikosensaft Gemüsesaft (aus den empfohlenen Gemüsen) Grapefruitsaft Gurkensaft Karottensaft	Papayasaft Preiselbeersaft Selleriesaft Tomatensaft (mit Zitrone) Traubensaft	Apfelmost - Cider Apfelsaft Kohlsaft Orangensaft

Was Sie zu Obst- und Gemüsesäften wissen sollten

- Diese Säfte sind genau genommen keine ausgesprochenen Durstlöscher. Trinken Sie daher die Favoriten – Ananas-, Kirsch- und Pflaumensaft – mit Bedacht in kleinen Schlucken, also fast wie eine Arznei.

- Falls Sie sich einen schmackhaften Vitamincocktail mixen möchten: Gemüse- und Fruchtsäfte sollten möglichst nicht miteinander kombiniert werden. Einzige Ausnahme: Karottensaft darf mal hier, mal da mitmischen.
- Nutzen Sie die basischen Eigenschaften der neutralen Gemüsesäfte. Sie entlasten die Verdauung und den Kreislauf und kurbeln zudem den Stoffwechsel an.
- Achten Sie beim Kauf von fertigem Gemüsesaft auch auf den Salzgehalt. Er kann beim Tomatensaft bis zu 10 Prozent betragen.

Was Sie zu Küchenkräutern und Gewürzen wissen sollten

- Algenextrakt ist nicht nur als Würzmittel eine gute Wahl. Das Seegemüse (siehe auch Tabelle Gemüse) reguliert den Stoffwechsel und entfaltet im Magen seine schleimhautschützende Wirkung.
- Die erste Wahl für Ihre würzigen Gerichte: frische Petersilie und wärmeerzeugende Gewürze wie Curry, Ingwer oder Cayennepfeffer. Sie beruhigen den Verdauungstrakt.
- Vorsicht: Essig sollte Ihnen künftig nicht mehr als universelles Würzmittel dienen. Angesichts des scheinbar ungebrochenen Zuspruchs, den das saure Elixier hier zu Lande findet, mag dies bei Essigfans ungläubiges Erstaunen auslösen. Es sind hier weniger die Lektine, die den Ausschlag für diese Einstufung geben. Blutgruppenforscher D'Adamo und seine Mitarbeiter haben bei Tausenden von Patienten die Bekömmlichkeit verschiedener Essige getestet. Und diese haben durch die Bank bei Menschen mit der Blutgruppe 0 nicht gut abgeschnitten.

  Weil die saure Würze, so die amerikanischen Mediziner, die ohnehin schon mit reichlich Magensäure konfrontierte Magenschleimhaut zusätzlich stark reizt. Sogar mit dem eher süßlich

KÜCHENKRÄUTER UND GEWÜRZE			
Vorteilhaft	**Neutral**		**Vermeiden**
Algenextrakt (Dulse und Kelp) Cayennepfeffer Curry Ingwer Johannisbrotkernmehl (Karob/Carob) Kurkuma (Gelbwurz) Petersilie	Agar-Agar (Geliermittel) Ahornsirup Anis Basilikum Bergamotte Bohnenkraut Dill Estragon Gelatine Gelee* oder Marmelade Gerstenmalz Gewürznelke Honig Kakaopulver (Schokolade) Kardamom Kerbel Knoblauch Koriander Kreuzkümmel Lorbeerblatt Majoran Mandelextrakt Meerrettich Melasse Minze (auch Pfefferminze) Miso (Sojapaste)	Paprikapulver Pfefferflocken (rot) Pfefferkörner Pfeilwurzelmehl Pfeilwurzstärke Tapioka Piment Rosmarin Safran Salbei Salatdressing* Salz Schnittlauch Senfpulver Sojasauce Tamari (Sojasauce) Tamarinde Thymian Weinstein Wintergrünöl Worcestersauce Zitronenmelisse Zucker (weiß und braun) *aus akzeptablen Zutaten	Apfelessig Balsamico-Essig Kapern Maissirup Maisstärke Mayonnaise Muskatnuss Pfefferpulver (schwarz und weiß) Relish Süß und sauer eingelegte Nahrungsmittel (Mix Pickles) Tomatenketchup Vanille Weinessig (weiß und rot) Zimt

schmeckenden Tomatenketchup ist es daraufhin jetzt ebenfalls Essig.

- Aber auf so etwas Leckeres brauchen Sie nicht zu verzichten: Honig und Zucker, sogar Schokolade – in Maßen natürlich – dürfen Ihnen das Leben versüßen.

KRÄUTERTEES			
Vorteilhaft	**Neutral**		**Vermeiden**
Bockshornklee	Baldrian	Königskerze	Alfalfa
Hagebutte	Echte Katzenminze	Salbei	Aloe
Hopfen	Eisenkraut	Schafgarbe	Enzian
Ingwer	Ginseng	Süßholz	Erdbeerblatt
Lindenblüten	Grüne Minze	Thymian	Große Klette
Löwenzahn	Helmkraut	Weißbirke	Hirtentäschel
Maulbeere	Himbeerblatt	Weißdorn	Huflattich
Petersilie	Holunder	Weißer Andorn	Johanniskraut
Pfefferminze	Kamille	Weißeichenrinde	Kanadischer Orangenwurz (Goldenseal)
Sarsaparille			Maisgriffel
Ulmenrinde amerikanische			Rhabarber
Vogelmiere			Rotklee
			Sennesblatt
			Sonnenhut

Was Sie zu Kräutertees wissen sollten

- Wählen Sie einen Kräutertee ganz nach Ihrem Geschmack aus. Oder stellen Sie Mischungen aus der vorteilhaften und der neutralen Gruppe zusammen. Den empfohlenen Kräutertees wird allesamt eine stärkende Wirkung auf das Verdauungs- und Immunsystem bei Menschen mit der Blutgruppe 0 zugeschrieben.
- Mischen Sie keinesfalls einen Tee aus der Kategorie »Vermeiden« darunter. Diese Tees könnten nicht nur die körpereigene Abwehr zu stark herausfordern, sondern auch eine – für den Bluttyp 0 unerwünschte – blutverdünnende Wirkung haben.
- Und denken Sie daran: Kräutertees enthalten wirksame pflanzliche Substanzen und sind daher nicht für den Dauergebrauch geeignet!

GETRÄNKE		
Vorteilhaft	**Neutral**	**Vermeiden**
Reines Wasser (Quellwasser und Mineralwasser)	Bier Grüner Tee Rotwein Weißwein	Bohnenkaffee (auch koffeinfreier Kaffee) Colagetränke Diätlimonade Limonade Schwarzer Tee Spirituosen

Was Sie zu Getränken wissen sollten

- Falls Sie bisher regelmäßig Bohnenkaffee getrunken haben, hören Sie nicht von heute auf morgen damit auf. Ihr Körper könnte das übel nehmen und mit Entzugserscheinungen wie Kopfschmerzen, Erschöpfung oder Reizbarkeit antworten. Trinken Sie einfach nach und nach etwas weniger von dem schwarzen Gebräu, bis Sie problemlos davon loskommen. Als Ersatz für das Koffein steht der Grüne Tee auf der neutralen Liste.
- Ansonsten ist mit reinem Wasser, also Quellwasser, Mineralwasser und gelegentlich einem Gläschen Wein oder Bier bereits das überschaubare Spektrum der in Frage kommenden Getränke genannt. Wer das in Amerika beliebte Soda-Club-Wasser mag (und es hier bekommt), kann auch damit seinen Durst löschen.

Blutgruppe A

Das Wichtigste auf einen Blick

Abstammung: Erste sesshafte Vorfahren, Landwirte.
Verdauungssystem: Empfindlich. Kann tierische Eiweiße und Fette nur schwer aufspalten. Verträgt Gemüse, Sojaquark (Tofu), Fisch und Meeresfrüchte, Getreide, Hülsenfrüchte und Obst.
Immunsystem: Sensibel und anpassungsfähig.
Zu empfehlen: Viel frisches Gemüse, naturbelassene Kost, Getreideprodukte (außer Weizen) und Sojazubereitungen.

Wenn's um die schlanke Linie geht ...

... können Sie mit Fleisch nicht viel erreichen. Im Gegenteil. Tierisches Eiweiß bremst bei Menschen vom Bluttyp A den Stoffwechsel. Anders als bei Zeitgenossen mit Blutgruppe 0, die nach einem ordentlichen Stück Fleisch erst so richtig in die Gänge kommen, raubt ein kräftiges Steak dem A-Typ die Energie, macht ihn träge und unkonzentriert. Um die tierischen Eiweiße für die weitere Verdauung aufzubereiten, muss sein Körper Schwerstarbeit leisten.
Er kann nicht wie beim fleischessenden 0-Typ die nötige Menge an Magensäure beisteuern, um die schwer verdauliche Kost chemisch zu zerlegen. Dazu gehört auch die Milch, die reich an gesättigten Fetten ist. Überspitzt ausgedrückt: Milch macht Menschen mit der Blutgruppe A nicht munter – sondern fett.
Probleme kann es auch mit Weizen geben, obwohl dieser zu den Feldfrüchten zählt, für die das Verdauungssystem bei Blutgruppe A geradezu geschaffen ist. Essen Sie davon nicht zu große Mengen, sonst reagiert Ihr Muskelgewebe sauer. Beim Bluttyp 0 hingegen löst Weizen eine basische Reaktion aus. In beiden Fällen ist die jeweilige Reaktion nicht erwünscht. Denn wer Blutgruppe 0 hat, braucht ein eher saures, wer Blutgruppe A hat, ein basisches Muskelgewebe, um sich rundum wohl zu fühlen.

Ödeme und Speckpölsterchen können bei Menschen mit der Blutgruppe A die unübersehbaren Folgen des schleppenden Stoffwechsels sein.

Dickmacher der Blutgruppe A: Fleisch • Kidneybohnen • Limabohnen • Milcherzeugnisse • Weizen (im Übermaß)
Schlankmacher der Blutgruppe A: Ananas • Gemüse • Sojabohnen und Sojazubereitungen

Die ideale Kost der Blutgruppe A

FLEISCH UND GEFLÜGEL		
Neutral	**Vermeiden**	
Huhn Truthahn	Büffel Ente Fasan Gans Hammel Hase/Kaninchen Innereien: Herz, Leber Kalb	Lamm Rebhuhn Rind Schwein (auch Schinken und Speck) Wachtel Wild (Hirsch/Reh)

Was Sie zu Fleisch und Geflügel wissen sollten

- Sie müssen Ihrem Metzger nicht sofort den Rücken kehren. Die Umstellung gelingt am ehesten, wenn Sie sich von nun an nach und nach immer ein bisschen weniger Fleisch auf den Teller packen.
- Die »Entwöhnung« vom Fleisch geht leichter, wenn Sie öfter Geflügel und Fisch anstelle von Fleisch auf den Tisch bringen.
- Auch Wurst, Schinken, Frühstücksspeck und andere Fleischerzeugnisse stehen auf der »schwarzen Liste«. Zumal diese Produkte reichlich Nitritpökelsalz enthalten, das dem säurearmen Magen vom Bluttyp A enorme Probleme bereiten kann.

FISCHE, KRUSTEN- UND SCHALENTIERE

Vorteilhaft	Neutral	Vermeiden	
Flussbarsch (amerik. Yello Perch)	Gelbschwanz (Bernsteinfisch)	Aal	Katzenfisch/Steinbeißer (Waller, Wels)
Kabeljau	Hai	Alse (Maifisch)	Kaviar
Karpfen	Hecht	Austern	Krabben
Lachs (nicht geräuchert)	Königs-Corvina (Weakfisch)	Barrakuda (Pfeilhecht)	Kurzschwanzkrebse
Lachsforelle	Porgy (nordam. Brasse)	Beluga-Kaviar	Meeresschnecken
Makrele	Rot-/Goldbarsch	Blaubarsch	Miesmuscheln
Picerel (kleiner Hecht)	Sand-/Zackenbarsch	Blaufisch (am. Bluefish)	Räucherlachs
Regenbogenforelle	Schnapper	Blaukiemen-Sonnenbarsch	Rotzunge
Renke (Blaufelchen)	Schwertfisch	Flunder	Sandklaffmuscheln
Roter Schnapper	Seeohr (Abalone)	Flusskrebse/Edelkrebse	Sardellen (Anchovis)
Sardine	Segelfisch	Garnelen	Schellfisch
Seeteufel	Stint	Hausen/Beluga-Stör	Seehecht
Umberfisch/Adlerfisch	Stör	Heilbutt	Seezunge
Weinbergschnecken	Thunfisch (weiß)	Hering (auch mariniert)	Streifenbarsch
Zackenbarsch (Grouper)	Wolfsbarsch (Loup de mer)	Hummer/Langusten	Tintenfisch (Krake und Kalmar)
		Jakobsmuscheln	Ziegelbarsch

Was Sie zu Fisch, Krusten- und Schalentieren wissen sollten

- Fisch, Krusten- und Schalentiere können Sie zwei- bis dreimal in der Woche essen – allerdings sollten es dann nur kleine Portionen sein.
- Am besten sind Sie mit den etwas fetteren Arten (linke Spalte) bedient. Beim mageren Fisch, wie Flunder oder Seezunge, kommen wieder bestimmte Lektine ins Spiel. Diese Eiweißstoffe haben es offenbar auf den Verdauungstrakt der Menschen mit Blutgruppe A abgesehen. Und der reagiert ziemlich gereizt darauf.
- Mit den Schnecken hat es eine besondere Bewandtnis: Die

Meeresschnecken sind nicht zum Verzehr zu empfehlen, die Weinbergschnecken dagegen durchaus.
Sie sind mit besonders wirksamen Lektinen ausgestattet, die sich bei Menschen mit der Blutgruppe A und AB von der positiven Seite zeigen:
Sie können nachweislich Krebszellen, beispielsweise beim Brustkrebs, daran hindern, in die Lymphbahnen auszustreuen.

MILCHPRODUKTE, KÄSE UND EIER			
Vorteilhaft	**Neutral**	**Vermeiden**	
Sojakäse/ Sojaquark (Tofu) Sojamilch	Eier Joghurt (auch Fruchtjoghurt) Joghurteis Kefir Mozzarella (fettarm) Ricotta (fettarm) Sauerrahm Schafskäse (Feta) Ziegenkäse Ziegenmilch	Blauschimmelkäse Brie Butter Buttermilch Camembert Cheddar Colby Doppelrahm-Frischkäse Edamer Emmentaler Hüttenkäse (körniger Frischkäse)	Gouda Gruyère Jarlsberg Milch Molke Monterey Jack Münsterkäse Neufchâtel Parmesan Provolone Schmelzkäse Schweizer Käse Sorbet Speiseeis

Was Sie zu Milchprodukten, Käse und Eiern wissen sollten

- Vorsicht bei Milchprodukten: Meist sind beim Bluttyp A die Antikörper im Blut dem Primärzucker in der Vollmilch feindlich gesinnt. Mit Soja- oder Ziegenmilch kommen Magen und Darm besser klar.
- Das tägliche Frühstücksei sollte bald schon der Vergangenheit angehören. Hin und wieder ein »Bio-Ei« reicht völlig. Das heißt aber auch, dass praktisch alles, was mit Eiern zubereitet wird, möglichst ganz selten auf den Tisch kommt.

ÖLE UND FETTE		
Vorteilhaft	**Neutral**	**Vermeiden**
Leinsamenöl Olivenöl	Dorschleberöl (Lebertran) Rapsöl	Baumwollsaatöl Butter Erdnussöl Färberdistelöl Kokosfett - Nussöl Maisöl Sesamöl

Was Sie zu Ölen und Fetten wissen sollten

- Fett spielt bei der Ernährung von Menschen mit Blutgruppe A keine große Rolle. Zumindest nicht, was die Menge angeht. Bei der Auswahl sieht das schon anders aus: In Maisöl und Färberdistelöl beispielsweise stecken jene Lektine, die bei der Verdauung Probleme bereiten können.
- Olivenöl ist weitaus bekömmlicher – und verglichen mit Leinöl vermutlich auch geschmacklich die bessere Wahl.
- Rapsöl sollte arm an Erucasäure sein – sie gilt in größeren Mengen als gesundheitsschädlich.
- Und noch etwas: Fertige Mayonnaise, die oftmals mit verschiedenen Ölen hergestellt wird, sollten Sie möglichst aus Ihrer Speisekammer verbannen. Bereiten Sie statt dessen fettarme Salatdressings nur mit den empfohlenen vorteilhaften oder neutralen Ölen zu.

Was Sie zu Nüssen und Samen wissen sollten

- Erdnüsse können Sie immer im Haus haben. Sie enthalten bestimmte Eiweiße, die bei fleischloser Kost wichtig für Sie sind.
- Pulen Sie die Erdnüsse aus der groben Schale, essen Sie aber das feine braune Häutchen mit. Darin stecken nämlich nützliche Lektine – mit einer krebsvorbeugenden Wirkung.

NÜSSE UND SAMEN			
Vorteilhaft	**Neutral**		**Vermeiden**
Erdnüsse (auch Erdnussbutter) Kürbiskerne	Esskastanien/ Maronen Haselnüsse Hickorynüsse Macadamianüsse Mandeln Mohnsamen Pekannüsse	Pinienkerne Sesamsamen (auch Sesampaste, Tahini) Sonnenblumenkerne Walnüsse	Cashewnüsse Kokosnüsse Paranüsse Pistazien Tamarindensamen

Was Sie zu Bohnen und Hülsenfrüchten wissen sollten

- Abgesehen von den Hülsenfrüchten in der rechten Spalte – mit Bohnen und Hülsenfrüchten sind Sie auf der sicheren Seite. Denn für Menschen vom Bluttyp A sind das ganz wichtige Eiweißlieferanten.
- Doch Vorsicht bei den zu vermeidenden Hülsenfrüchten: Sie enthalten Lektine, die die Insulinproduktion drosseln. Das beschert Ihnen über kurz oder lang neue Fettpölsterchen – und ist obendrein ein Risikofaktor für Diabetes mellitus (Zuckerkrankheit).

BOHNEN UND HÜLSENFRÜCHTE		
Vorteilhaft	**Neutral**	**Vermeiden**
Adzukibohnen Augenbohnen Berglinsen Buschbohnen Grüne Bohnen/ Mungbohnen Helmbohnen Linsen (grün und rot) Pintobohnen Sojabohnen (rot) Schwarze Bohnen	Brechbohnen Cannellinibohnen Dicke Bohnen (Puffbohnen, Saubohnen) Erbsenschoten (Zuckerschoten) Fava-Bohnen (kleine Ackerbohnen) Grüne Erbsen Stangenbohnen Weiße Bohnen	Kichererbsen Kidneybohnen Limabohnen Perlbohnen Rote Bohnen

GETREIDE, TEIG- UND BACKWAREN			
Vorteilhaft	**Neutral**		**Vermeiden**
Amaranth Brot aus gekeimtem Hafermehl Brot aus gekeimtem Weizen (Essener Brot) Buchweizen: – Buchweizen-(Soba-)nudeln – Kascha (gerösteter Buchweizen) Reis: – Reismehl – Reiswaffeln Roggenmehl Sojamehl(-Brot) Weizenkeimbrot Topinambur-Paste	Dinkel: – Dinkelbrot – Dinkelmehl – Dinkelnudeln Gerste: – Gerstenmehl Glutenfreies Brot Hafer: – Haferflocken – Haferkleie, -gebäck Hartweizenmehl Hirse: – Hirsebrot – Puffhirse Kamut (ägypt. Weizen Knäckebrot Mais: – Cornflakes – Maisflocken – Maisgebäck – Maismehl	Quinoa (Reismelde) Reis: – Basmatireis – Naturreis, -brot – Puffreis – Reisflocken – Reiskleie – Weißer Reis – Wilder Reis Roggenkörner: – Roggenbrot Vollkornweizenschrot (Graham) Weizen: – Bulgur – Couscous – Weizengrieß – Weizenmehl mit Keimlingen	Hartweizengrieß Mehrkornbrot und -flocken Pumpernickel Schmelzflocken Weizen: – Auszugsmehl (Type 405 oder 550) – Hartweizenbrot, -gebäck – Matzen – Vollkornweizenbrot – Weizenbrot – Weizenflocken – Weizenkeime – Weizenkleie – Weizennudeln – Weizenschrot

Was Sie zu Getreide, Teig- und Backwaren wissen sollten

- Bevorzugen Sie Getreide von hoher Qualität aus kontrolliert biologischem Anbau mit einer Keimfähigkeit von 90 Prozent.
- Falls Sie Weizenmehl mit Keimlingen oder Weizengrieß verwenden, sollten Sie die Speisen möglichst mit basischen Früchten wie Ananas, Pflaumen, Grapefruits oder anderen vorteilhaften Früchten aus der Tabelle Obst kombinieren. Das mindert den säurebildenden Effekt in den Muskeln. Denn der Bluttyp A braucht – anders als der Bluttyp 0 – ein stärker alkalisches Gewebe, um richtig fit zu sein.
- Das ist wichtig: Wenn Sie häufig verschnupft sind, sehr viel Schleim produzieren oder womöglich zu asthmatischen Anfäl-

len neigen, dann ist Vollkorngetreide nichts für Sie. Und auch dann nicht, wenn Sie mit den überflüssigen Pfunden kämpfen. Mit Backwaren aus Soja- und Reismehl sind Sie dann besser bedient.

- Haben Sie ein Auge darauf, dass Brot aus gekeimtem Weizen nicht noch mit zusätzlichen Getreidezutaten gebacken wurde. Es stecken sonst möglicherweise in dem vermeintlich gut bekömmlichen Brot schlecht verdauliche Gluten-Lektine.

GEMÜSE			
Vorteilhaft	**Neutral**		**Vermeiden**
Adlerfarnsporen	Avocados	Pilze: Abalone, Austern, Enoki, Maitaki, Portobello, Shitake	Auberginen
Alfalfasprossen	Bambussprossen	Radicchio	Champignons
Artischocken	Blumenkohl	Radieschen (-Sprossen)	Chilischoten
Brokkoli	Brunnenkresse	Rettiche	Chinakohl
Chicorée	Daikon (Rettichart)	Rosenkohl	Kartoffeln
Escarole (glatter Endivien)	Endiviensalat	Rote Rüben/ Rote Bete	Oliven (schwarz)
Gartenkürbis	Feldsalat	Ruccola	Paprikaschoten (gelb, grün, rot)
Grüner Blattkohl	Fenchel	Schalotten	Rotkohl
Grünkohl	Frühlingszwiebeln	Seegemüse (Algen)	Süßkartoffeln (Bataten)
Karotten	Gemüsemais	Sellerie	Tomaten
Knoblauch	Gurken	Senfkohlblätter	Weißkohl
Kohlrabi	Kohl-/Steckrübe	Spargel	Yamswurzel
Lauch/Porree	Kopfsalate	Wasserkastanie	
Löwenzahn	Kürbis (alle Variationen außer Gartenkürbis)	Zucchini	
Mangold	Melonenkürbis		
Merrettich	Mungbohnensprossen		
Okra (Gumbofrucht)	Oliven, grüne		
Pastinaken	Paksoi (chin. Blattkohl)		
Petersilie			
Römischer Salat			
Spinat			
Topinambur			
Weiße Rüben			
Zwiebeln			

Was Sie zu Gemüse wissen sollten

- Vitamine, Mineralien, Eiweiß, Kohlenhydrate, Ballaststoffe und, und, und. Von den vielen lebenswichtigen und gesunderhaltenden Stoffen im Gemüse profitieren Sie am meisten, wenn Sie die Naturkost schonend garen oder gleich roh essen (sofern das möglich ist).
- Es gibt jedoch einige Gemüsearten, die Menschen mit der Blutgruppe A nicht gut bekommen. Dazu gehören Tomaten, deren Eiweißstoffe (Panhämagglutinine) auch das Blut der anderen Gruppen verklumpen. Bei den Bluttypen A und B richten sie jedoch den meisten Schaden an, weil sie massiv in die Verdauung eingreifen.
- Knoblauch hilft nicht nur gegen Vampire. Das intensiv duftende Liliengewächs mit seinen mehr als 200 Inhaltsstoffen entfaltet enorme gesundheitliche Kräfte, von denen wir alle profitieren können. Doch gerade beim Bluttyp A ist das besonders zu erwähnen. Für sein körpereigenes Abwehrsystem sind vor allem die bakterien- und virenkillenden Inhaltsstoffe des Knoblauchs willkommene Schützenhilfe.

Was Sie zu Obst wissen sollten

- Mit Obst ist es wie mit Gemüse: Nutzen Sie die guten Eigenschaften. Essen Sie morgens, mittags und abends Obst.
- Nicht nur roh, auch schonend verarbeitet, zum Beispiel zu Gelees und Marmeladen, bereichert Obst den Speiseplan.
- Sofern Sie reichlich Getreideprodukte verzehren, halten Sie sich am besten an die Früchte in der linken Spalte. Diese tragen dazu bei, dass das Muskelgewebe nicht zu sauer wird.
- Während Ananas in Sachen Verdauung und Stoffwechsel der absolute Renner ist, können Mangos und Papayas, die ebenfalls wichtige Enzyme besitzen, bei der Blutgruppe A nichts ausrichten.

OBST			
Vorteilhaft	**Neutral**		**Vermeiden**
Ananas	Äpfel	Kiwis	Bananen
Aprikosen	Birnen	Kumquats	Honigmelonen
Blaubeeren	Datteln	Limetten	Kantalupemelonen
Boysenbeeren	Erdbeeren	Limonen	Kochbananen
Brombeeren	Granatäpfel	Loganbeeren	Mandarinen (Tangerinen)
Feigen (frisch und getrocknet)	Guaven	Lychees (Litschis)	Mangos
Grapefruits (Pampelmusen)	Himbeeren	Melonen, außer Honig- und Kantaloup	Orangen
Kirschen	Holunderbeeren	Nektarinen	Papayas
Pflaumen (frisch und getrocknet)	Johannisbeeren (rot und schwarz)	Pfirsiche	Rhabarber
Preiselbeeren	Kaki (Persimonen, Sharonfrüchte)	Rosinen	
Reneklode	Kaktusfeige	Stachelbeeren	
Zitronen	Karambolen/Sternfrüchte	Wassermelonen	
Zwetschgen		Weintrauben (blau und weiß)	

- Vorsicht bei Orangen: Ihre Säure greift in dem eher basischen Milieu des Typ-A-Magens die empfindlichen Magenschleimhäute an. Obwohl die ihr verwandte Grapefruit oder die Zitrone auch nicht gerade mit Säure geizt, hat der Magen damit keine Probleme. Im Gegenteil. Diese Zitrusfrüchte haben wegen ihrer basischen Effekte insgesamt eine durchaus positive Wirkung auf die Verdauung.

OBST- UND GEMÜSESÄFTE		
Vorteilhaft	**Neutral**	**Vermeiden**
Ananassaft Aprikosensaft Dörrpflaumensaft Grapefruitsaft Karottensaft Kirschsaft Selleriesaft Zitronensaft (mit Wasser verdünnt)	Apfelmost, -cider Apfelsaft Gemüsesaft (aus den empfohlenen Gemüsen) Gurkensaft Kopf- Kohlsaft Preiselbeersaft Traubensaft	Orangensaft Papayasaft Tomatensaft

Was Sie zu Obst- und Gemüsesäften wissen sollten

- Verdünnen Sie dicke Säfte stets mit Wasser.
- Trinken Sie wegen ihrer alkalischen Wirkung häufiger von den vorteilhaften Säften.
- Mischen Sie Obst- und Gemüsesäfte nicht miteinander. Lediglich Äpfel und Karotten können ab und zu den Geschmack verschiedener Säfte abrunden.

Was Sie zu Küchenkräutern und Gewürzen wissen sollten

- Probieren Sie zum Würzen die verschiedenen Sojazubereitungen aus: Tamari, eine intensiv schmeckende Sauce, die als Nebenprodukt bei der Herstellung von Miso anfällt. Miso ist eine milchsauer vergorene Paste aus Sojabohnen und Salz. Manchmal wird noch ein Getreide zugefügt.
  Tamari lässt sich beinahe so universal wie Maggiwürze verwenden. Miso ist eine pikante Zugabe für Suppen, Saucen, Salatdressings oder Brotaufstriche.
- Studieren Sie beim Kauf von Sojasaucen genau die Angaben auf dem Etikett: Je nach Sorte enthalten manche außer fermentierten Sojabohnen auch (glutenhaltigen) Weizen.
- Das Süße kommt bei Ihrer Ernährung nicht zu kurz. Doch von

KÜCHENKRÄUTER UND GEWÜRZE			
Vorteilhaft	**Neutral**		**Vermeiden**
Gerstenmalz	Agar-Agar (Geliermittel)	Mandelextrakt	Apfelessig
Ingwer	Ahornsirup	Meerrettich	Balsamico-Essig
Knoblauch	Algenextrakt (Kelp, Dulse)	Melisse	Cayennepfeffer
Melasse (Zuckersirup)	Anis	Minze (auch Pfefferminze und Zitronenminze)	Gelatine
Miso (Sojapaste)	Basilikum	Muskatnuss	Kapern
Senf	Bergamotte	Oregano	Mayonnaise
Tamari (Sojasauce)	Bohnenkraut	Paprikapulver	Pfeffer (rot, weiß, schwarz)
	Curry	Petersilie	Relish
	Dill	Pfeilwurzelmehl	Süß und sauer eingelegte Nahrungsmittel (Mix Pickel)
	Estragon	Pfeilwurzelstärke	Tomatenketchup
	Gewürznelke	Piment	Weinessig (rot und weiß)
	Honig	Rosmarin	Wintergrünöl
	Johannisbrotkernmehl (Karob/Carob)	Safran	Worcester-Sauce
	Kakaopulver (Schokolade)	Salbei	
	Kardamom	Salz	
	Kerbel	Schnittlauch	
	Koriander	Senfpulver	
	Kreuzkümmel	Tapioka	
	Kurkuma (Gelbwurz)	Thymian	
	Lorbeerblatt	Vanille	
	Maissirup, -stärke	Weinstein	
	Majoran	Zimt	
		Zucker (weiß und braun)	

süß und sauer eingelegtem Obst und Gemüse sollten Sie nur ganz sparsam Gebrauch machen. Bei essighaltigen Speisen haben die Blutgruppenforscher beim Bluttyp A nämlich, wie auch beim Bluttyp 0, den Rotstift angesetzt – wegen der unerwünschten säurebildenden Effekte. Menschen mit niedrigem Magensäurespiegel sind Studien zufolge anfälliger für Magenkrebs. Nach der Statistik sind davon die Blutgruppen A und AB am häufigsten betroffen. Die Wissenschaftler bringen das mit dem reichlichen Verzehr von fermentierten und sauer eingelegten Nahrungsmitteln in Verbindung.

- Auf Tomatenketchup sollten Sie in jedem Fall verzichten. Nicht nur, weil sich darin Essig versteckt, den Sie aus eben genannten Gründen stark rationieren sollten. Vor allem die geballte Ladung von Tomaten aus der Flasche ist es, die Ihrem Verdauungssystem so schlecht bekommt (siehe auch unter Gemüse).
- Vorsicht Naschkatzen: Auch wenn Zucker und Schokolade zur Kategorie der neutralen Nahrungsmittel gehören, sollte beides nur in Maßen genossen werden.

KRÄUTERTEES

Vorteilhaft	Neutral		Vermeiden
Alfalfa	Andorn	Minze (auch Pfefferminze)	Katzenminze
Aloe	Enzian	Löwenzahn	Krauser Ampfer
Baldrian	Eisenkraut	Maulbeere	Maisgriffel
Bochshornklee	Erdbeerblatt	Petersilie	Rhabarber
Ginseng	Helmkraut	Salbei	Rotklee
Große Klette	Himbeerblatt	Sarsaparille	
Hagebutte	Hirtentäschel	Schafgarbe	
Ingwer	Holunder	Sennesblatt	
Johanniskraut	Hopfen	Süßholzwurzel	
Kamille	Huflattich	Thymian	
Mariendistel	Kanadischer Orangenwurz	Vogelmiere	
Sonnenhut	Königskerze	Weißbirke	
Ulmenrinde, amerikanische	Lindenblüte (Japanische)	Weißeichenrinde	
Weißdorn			

Was Sie zu Kräutertees wissen sollten

- Diese Teeauswahl zielt darauf ab, der eher trägen Immunabwehr von Menschen mit Blutgruppe A etwas Zunder zu geben (zum Beispiel mit Aloe, Alfalfa, Großer Klette und Sonnenhut).

Auch für Herz und Kreislauf sowie eine geregelte Verdauung ist einiges dabei.

- Machen Sie aber keinen der Tees zu Ihrem Dauerbrenner. Wechseln Sie häufig die Sorte. Kräutertees sind wirksame Heilmittel. Wenn Sie eine bestimmte Wirkung erzielen wollen, kommt es auf die richtige Menge und Zusammensetzung der Tees an. Erkundigen Sie sich deshalb vorher – am besten bei Ihrem Apotheker oder Arzt -, welche Tees aus den Kategorien »Vorteilhaft« und »Neutral« für eine optimale Mischung in Frage kommen. Auf dem Gebiet der Teedrogen gibt es fortwährend neue wissenschaftliche Erkenntnisse, die wir uns zunutze machen sollten.

GETRÄNKE		
Vorteilhaft	**Neutral**	**Vermeiden**
Bohnenkaffee (auch koffeinfreier Kaffee) Grüner Tee Reines Wasser Rotwein	Weißwein	Bier Colagetränke Diätlimonade Schwarzer Tee Tafelwasser Spirituosen

Was Sie zu Getränken wissen sollten

- Ein Gläschen Rotwein kommt erwiesenermaßen Herz und Kreislauf zugute. Das soll jüngsten (deutschen) Studien zufolge übrigens auch beim Weißwein so sein. Die Untersuchungen sind noch nicht ganz abgeschlossen, um diese alte Winzererfahrung derzeit wissenschaftlich hieb- und stichfest zu untermauern.
- Ab und zu ein Tässchen Kaffee – auch das macht bei Menschen vom Bluttyp A durchaus Sinn. Kaffee ist ein Säurelocker und enthält wichtige Enzyme, die nebenbei bemerkt auch in der Sojabohne stecken.

- Kaum zu glauben: Trinken Sie koffeinfreien Kaffee nicht in rauen Mengen. Schon gar nicht, wenn Ihre Blutfettwerte ohnehin zu hoch sind. Ausgerechnet dieses früher als herzschonend gepriesene Gebräu soll die Cholesterinwerte in die Höhe treiben.
- Beim Wasser kommt es wieder auf einen feinen Unterschied an: Unter reinem Wasser ist entweder Quellwasser oder natürliches Mineralwasser zu verstehen. Quellwasser stammt aus unterirdischen Wasservorkommen und muss direkt an der Quelle abgefüllt sein. Es braucht keine amtliche Anerkennung. Anders das natürliche Mineralwasser: Es wird in großen Tiefen gewonnen und muss von Natur aus Mineralstoffe und Spurenelemente enthalten.
  Tafelwasser ist eine industriell hergestellte Mischung aus Trink, Quell- und Mineralwasser. Es kann sogar Meerwasser oder Sole enthalten, außerdem Zusatzstoffe (zum Beispiel Soda).
- Neben reinem Wasser ist besonders Grüner Tee zu empfehlen. Nicht nur weil seine Inhaltsstoffe das zentrale Nervensystem stimulieren und somit auch die Denkleistung anspornen. Das japanische Nationalgetränk hat einen gewissen schleimhautschützenden Effekt, der einer Entstehung von Krebs vorbeugt.

Blutgruppe B

Das Wichtigste auf einen Blick

Abstammung: Nomaden, Steppenbewohner.
Verdauungssystem: Robust. Verträgt Fleisch (aber kein Hühnerfleisch!) und Milchprodukte sowie pflanzliche Kost.
Immunsystem: Stark und anpassungsfähig.
Zu empfehlen: Ausgewogene Mischkost aus Fleisch, Getreide, Obst und Gemüse.

Wenn's um die schlanke Linie geht ...

... sollten Sie Ihre Mahlzeiten vorerst nicht mit Mais, Buchweizen, Linsen, Erdnüssen, Sesam und Weizenprodukten kombinieren.
Die Lektine, die über diese Nahrungsmittel in den Körper gelangen, sind zwar recht unterschiedlich aufgebaut, sie haben jedoch etwas gemeinsam: Sie sind allesamt in der Lage, die Insulinproduktion zu drosseln.
Dieses Hormon der Bauchspeicheldrüse ist unter anderem für die Zuckerverwertung der Zellen zuständig. Außerdem regt es den Abbau von Kohlenhydraten an und sorgt für einen ausbalancierten Blutzuckerspiegel.
Damit ist es allerdings vorbei, wenn zu wenig Insulin ausgeschüttet wird. Das kann sich zum Beispiel in großer Müdigkeit nach dem Essen bemerkbar machen. Die Gluten-Lektine in den Weizenkeimen und Vollkornprodukten treten bei Menschen mit Blutgruppe B noch zusätzlich auf die Stoffwechselbremse. Mit dem Effekt, dass der Körper die Nahrung nur auf Sparflamme verbrennt. Alles was nicht in Energie umgewandelt werden kann, deponiert er über kurz oder lang in den Fettzellen von Hüften, Po und Bauch.
Ein Phänomen ist jedoch: Die Lektine im Weizen setzen für sich genommen dem Stoffwechsel des B-Typs weit weniger zu als bei-

spielsweise den Zeitgenossen mit der Blutgruppe 0. Doch wenn sie sich zu den anderen schädlichen Lektinen aus Mais & Co. gesellen, machen sie auch dem B-Typ heftig zu schaffen. Daher sollten Abspeckwillige mit dieser Blutgruppe Weizen ebenfalls außen vor lassen. Dafür brauchen sie sich bei Milchprodukten nicht allzu sehr zurückhalten.

Dickmacher der Blutgruppe B: Buchweizen • Erdnüsse • Linsen • Mais • Sesam • Weizen
Schlankmacher der Blutgruppe B: Eier und Magermilchprodukte • Fleisch • grünes Gemüse • Süßholztee

Die ideale Kost der Blutgruppe B

FLEISCH UND GEFLÜGEL		
Vorteilhaft	**Neutral**	**Vermeiden**
Hammel Hase/Kaninchen Lamm Wild (Hirsch/Reh)	Büffel Fasan Innereien: Leber Kalb Rind Truthahn Wachtel	Ente Gans Herz Huhn Rebhuhn Schwein Speck (fett und durchwachsen) Wachtel

Was Sie zu Fleisch und Geflügel wissen sollten

- Verzichten Sie ganz auf den Genuss von Hühnerfleisch. Es ist zwar magerer als Rindfleisch. Doch dieser Bonus nützt Ihnen nichts, denn bei diesem Geflügel stecken – für die Blutgruppe B – schädliche Lektine im Muskelfleisch. Diese Lektine greifen so massiv in den Blutkreislauf ein, dass sogar das Risiko eines Schlaganfalls oder die Abwehrschwäche des Immunsystems damit in Zusammenhang gebracht wird.

- Wenn Sie am Federvieh nicht vorbeikommen, dann können Sie mit dem neutralen Truthahn oder Fasan nichts falsch machen. Denn dieses Geflügel ist frei von jener Eiweißverbindung, die das Blut der Gruppe B verklumpt.
- Um ganz allgemein beim Fleisch und Geflügel sicherzugehen, dass Sie gute Ware bekommen, kaufen Sie nur Qualitätsfleisch aus kontrollierter Aufzucht.

FISCHE, KRUSTEN- UND SCHALENTIERE		
Vorteilhaft	**Neutral**	**Vermeiden**
Alse (Maifisch)	Blaufisch (amerik. Bluefish	Aal
Flunder	Flussbarsch (amerik. Yello Perch)	Austern
Hecht	Hai	Barrakuda (Pfeilhecht)
Heilbutt	Hering (auch mariniert)	Blaukiemen-Sonnenbarsch
Hering, mariniert	Jakobsmuscheln	Flusskrebse
Kabeljau	Karpfen	Garnelen
Kaviar	Katzenfisch/Steinbeißer (Waller, Wels)	Gelbschwanz (Bernsteinfisch)
Lachsforelle	Lachs (nicht geräuchert)	Hausen/Belugastör
Makrele	Regenbogenforelle	Hummer/Langusten
Pikerel (kleiner Hecht)	Renke/Blaufelchen	Krabben
Porgy (nordam. Brasse)	Roter Schnapper	Meerbarsch (Wolfsbarsch)
Rotbarsch	Rotzunge	Meeresschnecken
Sardine	Sandbarsch	Miesmuscheln
Schellfisch	Schnapper	Räucherlachs
Seehecht	Schwertfisch	Sandklaffmuscheln
Seeteufel	Seeohr	Sardellen (Anchovis)
Seezunge	Segelfisch	Streifenbarsch
Stör	Silberbarsch (Adlerfisch)	Tintenfisch (Krake)
Zackenbarsch	Stint	Weinbergschnecken
	Tintenfisch (Kalmar)	
	Thunfisch (weiß)	
	Ziegelbarsch	

Was Sie zu Fisch, Krusten- und Schalentieren wissen sollten

- Es gibt wegen der problematischen Eiweißverbindungen keine Schalen- oder Krustentiere, die für Menschen mit Blutgruppe B in Frage kommen. Die Feinschmecker unter Ihnen sollten nicht nur auf Hummer und Krabben verzichten, sondern auch auf Weinbergschnecken, die den Bluttypen A und AB wegen ihrer besonderen Lektine ausdrücklich ans Herz gelegt werden.
- Beim Hering darf es ganz deftig zugehen, Sie können getrost auch den Bismarck- oder Salzhering in die engere Wahl ziehen. Beim Lachs ist die geräucherte Zubereitung übrigens überhaupt nicht zu empfehlen.

MILCHPRODUKTE, KÄSE UND EIER			
Vorteilhaft	**Neutral**		**Vermeiden**
Eier	Brie	Molke	Baumwollsaatöl
Hüttenkäse (körniger Frischkäse)	Butter	Monterey Jack	Blauschimmelkäse
Joghurt (auch Fruchtjoghurt)	Buttermilch	Münsterkäse	Schmelzkäse
Joghurteis	Camembert	Neufchâtel	Speiseeis
Kefir	Cheddar	Parmesan	
Magermilch	Colby	Provolone	
Mozzarella	Doppelrahm-Frischkäse	Schweizer Käse	
Ricotta	Edamer	Sojakäse/Sojaquark (Tofu)	
Schafskäse (Feta)	Emmentaler	Sojamilch	
Ziegenkäse	Gouda	Sorbet	
Ziegenmilch	Gruyère	Vollmilch	
	Jarlsberg		

Was Sie zu Milchprodukten, Käse und Eiern wissen sollten

- Milch wird von Menschen mit Blutgruppe B im Allgemeinen gut verdaut – es sei denn, es besteht eine Milchzucker-Unverträglichkeit (Laktose-Intoleranz). Möchten Sie dennoch Ihre Kost mit Milch anreichern, dann hilft oftmals ein Laktose-Enzym-Präparat der Verdauung auf die Sprünge.

Sobald Sie sich einige Zeit nach der Blutgruppen-Diät ernährt haben, können Sie nach und nach Milcherzeugnisse hinzunehmen. Beginnen Sie mit Sauermilchprodukten wie Joghurt oder Kefir, in denen der Milchzucker weitgehend abgebaut ist.

- Sojaprodukte wie zum Beispiel Tofu, die in den meisten Fällen Milcherzeugnisse ja sehr gut ersetzen, sind für den Bluttyp B – obwohl neutral – nicht gerade das Gelbe vom Ei. Am besten halten Sie sich an die anderen empfohlenen Milchprodukte und an Fleisch und Fisch der Kategorien »Vorteilhaft« und »Neutral«, um Ihren Bedarf an wichtigen Vitalstoffen optimal zu decken.

ÖLE UND FETTE		
Vorteilhaft	**Neutral**	**Vermeiden**
Olivenöl	Butter Dorschleberöl (Lebertran) Leinsamenöl	Erdnussöl Färberdistelöl Kokosfett, -öl Maiskeimöl Rapsöl Sesamöl Sonnenblumenöl

Was Sie zu Ölen und Fetten wissen sollten

- Von allen Ölen wird das Olivenöl offenbar am besten verdaut. Abgesehen vom neutralen Leinöl und dem ohnehin in der Feinschmeckerküche nicht gerade beliebten Lebertran scheiden die übrigen Öle aus – wegen der Eiweiß-Lektine, die das Blut der Gruppe B verklumpen.

NÜSSE UND SAMEN		
Neutral	**Vermeiden**	
Esskastanien (Maronen) Hickorynüsse Macademianüsse Mandeln Paranüsse Pekannüsse Tamarindensamen Walnüsse	Cashewnüsse Erdnüsse (auch Erdnussbutter Haselnüsse Kokosnüsse Kürbiskerne Mohnsamen	Pinienkerne Pistazien Sesamsamen (auch Sesampaste, Tahini) Sonnenblumenkerne

Was Sie zu Nüssen und Samen wissen sollten

- Für einen gelegentlichen Snack zwischendurch sind die neutralen Nusssorten akzeptabel. Ansonsten gibt es hier keine Auswahl, die besonders zu empfehlen ist. Denn viele Nüsse, Kerne und Samen enthalten Eiweißstoffe, die nachteilig in den Stoffwechsel bei Blutgruppe B eingreifen.

BOHNEN UND HÜLSENFRÜCHTE		
Vorteilhaft	**Neutral**	**Vermeiden**
Kidneybohnen Limabohnen Perlbohnen (Navy)	Cannellinibohnen Brechbohnen Dicke Bohnen (Puffbohnen, Saubohnen) Fava (Kleine Ackerbohne) Grüne Bohnen (Mungbohnen) Grüne Erbsen Palerbse (Zuckerschoten) Rote Bohnen Sojabohnen Stangenbohnen Weiße Bohnen	Adukebohnen Adzukibohnen Augenbohnen Helmbohnen Kichererbsen Linsen, gelbe, grüne, rote Pintobohnen Schwarze Bohnen

Was Sie zu Bohnen und Hülsenfrüchten wissen sollten

- »Jedes Böhnchen gibt sein Tönchen« – dieses Sprichwort gilt womöglich auch für die empfohlenen Bohnen. Versuchen Sie daher selbst herauszufinden, welche Hülsenfrüchte und Gemüsebohnen Ihnen tatsächlich gut bekommen. Denn nicht alle Menschen mit Blutgruppe B sprechen gleichermaßen auf diese Sorten an.

GETREIDE, TEIG- UND BACKWAREN

Vorteilhaft	Neutral	Vermeiden	
Brot aus gekeimtem Weizen (Essener Brot) Dinkel (Körner mit Spelzen) Hafer: – Haferflocken – Haferkleie – Hafermehl Hirse (gekocht): – Hirsebrot Reis: – Puffreis – Reiskleie – Reismehl – Reiswaffeln – Vollreisbrot	Dinkelbrot Dinkelmehl Glutenfreies Brot Haferkleiegebäck Quinoa (Reismelde) Reis: – Basmatireis – Naturreis – Reisflocken – Weißer Reis Sojabrot Vollkornweizenschrot (Graham) Weizen: – Auszugsmehl (Type 405 oder 550) – Hartweizengrieß	Amaranth Buchweizen: – Buchweizennudeln (Sobanudeln) – Kascha (gerösteter Buchweizen) – Buchweizengrütze Gerste Gerstenmehl Hartweizenmehl Kamut (ägypt. Weizen) Knäckebrot Mais: – Cornflakes Mehrkornmischungen Maismehl, -gebäck	Pumpernickel Roggen: – Roggenbrot – Roggenkeimbrot Tobinamburpaste Weizen: – Bulgur – Couscous – Vollkornweizen – Weizenflocken – Weizengrieß – Weizenkleie – Weizenkleiemuffins – Weizenmehl (außer Auszugsmehl) – Weizenschrot Wilder Reis

Was Sie zu Getreide, Teig- und Backwaren wissen sollten

- Mit dem Weizen verhält es sich ähnlich wie bei der Blutgruppe 0: Meist läuft nach dem Verzehr von Weizenprodukten der Stoffwechselmotor langsamer, Kalorien werden nicht ausreichend verbrannt – und schon sammeln sich über kurz oder lang überflüssige Pfunde an.

- Ziehen Sie Produkte aus gekeimten Weizenkörnern vor, etwa das Essener Brot:
  Die Körnchen verlieren ihre schädliche Fracht an Gluten-Lektinen, sobald ein Keim daraus gesprossen ist. Fragen Sie im Reformhaus oder Naturkostladen nach, falls Ihr Bäcker ratlos mit den Schultern zuckt.
- Im Roggen steckt eine andere Art von Lektinen, die sich unter Umständen in den Gefäßwänden anlagern und so zu massiven Durchblutungsstörungen (mit dem Risiko eines Schlaganfalls oder Herzinfarkts) führen können. Erste Anzeichen einer gestörten Durchblutung sind oft kalte Hände und Füße bei normaler Körpertemperatur.
- Verzichten Sie im Zweifel ganz auf Nudeln, Pasta und andere Teigwaren. Mit Fleisch, Fisch und Milchprodukten nehmen Sie bereits wichtige Nährstoffe auf.

Was Sie zu Gemüse wissen sollten

- Während für die Blutgruppen 0 und A Kartoffeln und viele Kohlsorten weitgehend tabu sind, können Sie hier durchaus zugreifen.
- Gönnen Sie sich häufiger kleine Portionen Gemüse, als Rohkost oder schonend gegart.
- Kombinieren Sie Ihre Gerichte mit grünen Blattgemüsen, so oft Sie mögen. Sie enthalten besonders viel Magnesium, das Ihrem Körper in vielerlei Hinsicht gut tut.
- Einen großen Bogen sollten Sie um die Gemüse in der rechten Spalte machen. Diese Arten irritieren bei Menschen mit der Blutgruppe B entweder den Stoffwechsel, oder sie lösen allergische Reaktionen aus. Besonders heikel sind Tomaten. Die Antikörper der Blutgruppe B (und auch die vom Typ A) reagie-

GEMÜSE			
Vorteilhaft	**Neutral**		**Vermeiden**
Auberginen Blumenkohl Brokkoli Chilischoten Chinakohl Grüner Blattkohl Grünkohl Karotten Paprikaschoten (gelb, grün und rot) Pastinaken Petersilie Rosenkohl Rote Rüben/ Rote Bete Rotkohl Senfkohlblätter Shiitakepilze Süßkartoffeln (Bataten) Weißkohl Yamswurzel	Adlerfarnsprossen Alfalfasprossen Bambussprossen Brunnenkresse Chicorée Daikon (Rettichart) Endivien, Escarole (Zuckerschoten) Enokopilze Feldsalat Fenchel Frühlingszwiebeln Gurken Kartoffeln Knoblauch Kohlrabi Kopfsalat Kürbis, alle Sorten außer Gartenkürbis Lauch/Porree Löwenzahn Mangold	Meerrettich Okra (Gumbofrucht) Paksoi (chin. Blätterkohl Pilze: Abalone, Austern, Champignons, Enoki, Portobello Radicchio Ruccola/Rauke Schalotten Seegemüse (Algen) Sellerie Spargel Spinat Steckrüben Wasserkastanie Weiße Rüben (Turnips) Zucchini Zuckerschoten Zwiebeln	Artischocken Avocados Gartenkürbis Gemüsemais Mungbohnensprossen Oliven (grün und schwarz) Radieschen Rettiche Rettichsprossen Tomaten Topinambur

ren äußerst heftig auf die in Tomaten enthaltenen Lektine. Diese verklumpen nicht nur das Blut, sondern greifen auch die Magenwände an.

OBST			
Vorteilhaft	**Neutral**		**Vermeiden**
Ananas Bananen Papayas Pflaumen, frische Preiselbeeren Reneklode Weintrauben (rot und weiß) Zwetschgen	Äpfel Aprikosen Birnen Blaubeeren Boysenbeeren Brombeeren Datteln Dörrpflaumen Erdbeeren Feigen (frisch und getrocknet) Grapefruits (Pampelmusen) Guaven Himbeeren Holunderbeeren Johannisbeeren (rot und schwarz) Kirschen	Kiwis Kochbananen Kumquats Limonen Loganbeeren Lychees (Litschis) Mandarinen (Tangerinen) Mangos Melonen Nektarinen Orangen Pfirsiche Rosinen Stachelbeeren Wassermelonen Zitronen	Granatäpfel Kaki (Persimonen, Sharo) Karambolen (Sternfrucht) Kaktusfeige Rhabarber

Was Sie zu Obst wissen sollten

- Wer zu Blähungen neigt, sollte regelmäßig Ananas essen. Die exotische Frucht enthält Enzyme (Bromelaine), die die Verdauung erleichtern. Die Ananas greift Ihrem Stoffwechsel auch unter die Arme, wenn Sie sich bei der Blutgruppen-Diät an womöglich ungewohnte Kost wie Fleisch und Milch erst gewöhnen müssen.
- Beim Obst haben Sie gegenüber den anderen Blutgruppen die Nase vorn. Da der Säure-Basen-Haushalt beim Bluttyp B nicht so leicht aus dem Gleichgewicht zu bringen ist, können Sie auch bei den sauren Früchten tüchtig zulangen.
- Essen Sie mehrmals täglich frisches Obst, sobald die Sorten im Handel (oder im eigenen Garten reif) sind. In manchen Supermärkten ist praktisch immer »Saison«, die Früchte kommen aus aller Herren Länder.

OBST- UND GEMÜSESÄFTE			
Vorteilhaft	**Neutral**		**Vermeiden**
Ananassaft (Kopf-)Kohlsaft Papayasaft Preiselbeersaft Traubensaft	Apfelmost, -cider Apfelsaft Aprikosensaft Gemüsesaft (aus den vorteilhaften Gemüsen sowie aus Gurken und Sellerie)	Grapefruitsaft Kirschsaft (Herzkirschen) Orangensaft Dörrpflaumensaft Zitronensaft (mit Wasser verdünnt)	Tomatensaft

Was Sie zu Obst- und Gemüsesäften wissen sollten

- Außer Tomatensaft, der wegen der massiven Antikörper-Reaktion bei der Blutgruppe B zu verschmähen ist, können Sie nach Herzenslust all die Säfte trinken, die für Ihre Blutgruppe ausdrücklich in Frage kommen.
- Mischen Sie nach Möglichkeit keine Obst- und Gemüsesäfte. Nur Karotten und Äpfel sind allseits verträgliche Cocktailpartner.

Was Sie zu Küchenkräutern und Gewürzen wissen sollten

- Es werden nicht alle Würzmittel gleich gut vertragen. Besonders Allergiker sollten zu Beginn der Blutgruppen-Diät auch die als neutral eingestuften Gewürze zurückhaltend einsetzen.
- Streichen Sie weißes und schwarzes Pfefferpulver und auch Tomatenketchup von Ihrer Zutatenliste. Denn die in diesen Gewürzen enthaltenen Eiweiß-Lektine lassen die Blutplättchen verklumpen.
- Malz und Zimt sollten ebenfalls vermieden werden, weil diese Gewürze Menschen mit Blutgruppe B häufig auf den Magen schlagen.
- Zucker und Schokolade dürfen ebenso wie Honig gelegentlich als neutrale Beigaben das Leben versüßen.

KÜCHENKRÄUTER UND GEWÜRZE			
Vorteilhaft	**Neutral**		**Vermeiden**
Cayennepfeffer Curry Ingwer Meerrettich Petersilie	Agar-Agar (Geliermittel) Ahornsirup Algenextrakt (Dulse, Kelp) Anis Apfelessig Balsamico-Essig Basilikum Bergamotte Bohnenkraut Dill Estragon Gewürznelke Honig Johannisbrotkernmehl (Karob/Carob) Kakaopulver (Schokolade) Kapern Kardamom Kerbel Knoblauch Koriander Kreuzkümmel Kümmel Kurkuma (Gelbwurz) Lorbeerblatt Majoran Mayonnaise * Melasse (Zuckersirup) Minze (auch Pfefferminze) Miso (Sojapaste)	Muskat Oregano Paprikapulver Pfefferflocken (rot) Pfefferkörner Pfeilwurzelmehl (Tapioka) Piment Rosmarin Safran Salatdressing* Salbei Salz Schnittlauch Selleriesamen Senf (auch Senfpulver) Sojasauce (auch Tamari) Süß und sauer eingelegte Nahrungsmittel (Relish, Mix Pickles) Thymian Vanille Weinessig (rot und weiß) Weinstein Worcestersauce Zucker (braun und weiß) *fettarm, aus empfohlenen und neutralen Zutaten	Gelatine Gerstenmalz Maissirup Maisstärke Mandelextrakt Pfeilwurzstärke Pfeffer (schwarz und weiß) Tapiokastärke Tomatenketchup Zimt

- Verwenden Sie Ahornsirup nur sparsam. Er besteht zu 65 Prozent aus Zucker.
- Den bei uns derzeit viel gepriesenen Essig reihen die amerikanischen Blutgruppenforscher um Dr. D'Adamo für die Blutgruppe B in die Riege der neutralen Zutaten ein. Immerhin. Alle anderen Blutgruppen sollten, so die Fachleute, jedoch ganz auf den sauren Saft verzichten. Da Menschen mit der Blutgruppe B von ihren Vorfahren ein äußerst robustes Verdauungssystem geerbt haben, kann Essig zumindest dann und wann der Salatsauce oder dem Fischgericht die gewohnt pikante Note geben.

KRÄUTERTEES

Vorteilhaft	Neutral		Vermeiden
Ginseng	Alfalfa	Sarsaparille	Aloe
Hagebutte	Baldrian	Schafgarbe	Bockshornklee
Himbeerblatt	Eisenkraut	Sonnenhut	Enzian
Ingwer	Erdbeerblatt	Thymian	Helmkraut
Petersilie	Große Klette	Ulmenrinde	Hirtentäschel
Pfefferminze	Holunder	Vogelmiere	Hopfen
Salbei	Johanniskraut	Weißbirke	Huflattich
Süßholz	Kamille	Weißdorn	Kanadischer Orangenwurz
	Krauser Ampfer	Weißeichenrinde	Königskerze
	Löwenzahn	Weißer Andorn	Lindenblüte
	Maulbeere		Maisgriffel
	Minze (auch Katzenminze)		Rhabarber
			Rotklee
			Sennesblatt

Was Sie zu Kräutertees wissen sollten

- Die Inhaltsstoffe des Süßholztees verhindern das Absinken des Blutzuckerspiegels und unterstützen als Virenkiller die Abwehrarbeit des Immunsystems. Darüber hinaus schätzt man in der Naturheilkunde seit langem dessen schleimlösende, entzündungshemmende, krampflösende und abführende Wirkungen.

GETRÄNKE		
Vorteilhaft	**Neutral**	**Vermeiden**
Grüner Tee Reines Wasser Quellwasser, Mineralwasser	Bier Bohnenkaffee (auch koffeinfreier Kaffee) Schwarzer Tee Wein (Rot- und Weißwein	Colagetränke Diätlimonade Limonade Spirituosen Tafelwasser (auch mit Soda)

Was Sie zu Getränken wissen sollten

- Außer mit den hier aufgeführten Getränken können Sie Ihren Bedarf an Flüssigkeit natürlich noch mit den vorteilhaften und neutralen Obst- und Gemüsesäften sowie Kräutertees ergänzen.
- Versuchen Sie Kaffee oder schwarzen Tee nach und nach durch Grünen Tee zu ersetzen. Er enthält neben Vitaminen (unter anderem B und K) übrigens auch eine ordentliche Portion Thein (Koffein), die allerdings nicht aufregend, sondern eher anregend wirkt.

Blutgruppe AB

Das Wichtigste auf einen Blick

Abstammung: Kaukasier, Mongolen.
Verdauungssystem: Verträgt ausgewogene Mischkost in Maßen.
Immunsystem: Äußerst anpassungsfähig.
Zu empfehlen: Fleisch, Fisch, (Sauer-)Milchprodukte, Hülsenfrüchte, Getreide, Obst und Gemüse.

Wenn's um die schlanke Linie geht ...
... sollten rotes Fleisch, Kidneybohnen, Limabohnen, Nüsse und Samen, Mais und Buchweizen nicht auf dem Einkaufszettel stehen. Da Blutgruppe AB ja eine moderne Allianz der Bluttypen A und B ist, hat sie von beiden etwas mitbekommen. Nahrungsmittel, die Menschen mit Bluttyp A oder B gut bzw. schlecht bekommen, werden meist in gleicher Weise vom Bluttyp AB vertragen. Doch Ausnahmen bestätigen auch hier die Regel: Es gibt bestimmte Lektine, zum Beispiel in den Tomaten, die das Blut der Gruppen A und B zum Verklumpen bringen. Bei der Blutgruppe AB jedoch halten sie sich erstaunlicherweise zurück. Wer diesen Bluttyp hat, kann also Tomaten in allen Variationen genießen. Mit dem Weizengluten kommt die Verdauung ebenfalls besser zurecht als bei Menschen mit Blutgruppe 0, A oder B. Doch vergessen Sie den Weizen, wenn Sie zuviel wiegen. Er macht das Muskelgewebe eher sauer. Am besten schmelzen bei Ihnen jedoch die Kalorien, wenn Ihr Muskelgewebe leicht alkalisch ist.

Dickmacher der Blutgruppe AB: Buchweizen • Kidneybohnen • Limabohnen • Mais • Nüsse und Samen • rotes Fleisch • Weizen
Schlankmacher der Blutgruppe AB: Ananas • Fisch • grünes Gemüse • Milcherzeugnisse • Tofu

Die ideale Kost der Blutgruppe AB

FLEISCH UND GEFLÜGEL			
Vorteilhaft	**Neutral**	**Vermeiden**	
Hammel Hase/Kaninchen Lamm Truthahn	Fasan Leber	Büffel Ente Gans Herz Huhn Kalb Rebhuhn	Rind Schwein (auch Schinken) Speck (fett und durchwachsen) Wachtel Wild (Hirsch/Reh)

Was Sie zu Fleisch und Geflügel wissen sollten

- Auf Fleisch müssen Sie keineswegs verzichten. Schließlich liefern Fleisch, Geflügel und Wild wichtige Vitamine des B-Komplexes, Vitamin A, D und E, Mineralstoffe wie Magnesium, Kalium und Kalzium und Spurenelemente wie Phosphor, Eisen, Selen, Mangan und Jod. Das hochwertige Eiweiß aus dem Fleisch wird vom Körper fast restlos in körpereigenes Eiweiß umgewandelt. Sie können also durchaus zwei-, dreimal in der Woche Fleisch essen. Allerdings nur Miniportionen – von den vorteilhaften Fleischsorten oder allenfalls vom neutralen Fasan. Das erleichtert es dem Organismus, die tierischen Eiweiße gründlich zu verdauen. Menschen mit der Blutgruppe AB produzieren ähnlich wie jene mit Blutgruppe A nur wenig Magensäfte. Aus diesem Grund sollten Sie geräucherte oder gepökelte Fleischwaren besser von Ihrem Speiseplan streichen.
- Eine Hinterlassenschaft der Blutgruppe B ist, dass Hühner- oder Hähnchenfleisch für Sie nicht bekömmlich ist. Die darin enthaltenen Lektine verkleben auch das Blut vom Typ AB.
- Essen Sie wenig Innereien (Leber, Herz). Es sollte nur von jüngeren Tieren stammen, da deren Organe noch nicht zu große Mengen an unerwünschten Schwermetallen gespeichert haben.

FISCHE, KRUSTEN- UND SCHALENTIERE		
Vorteilhaft	**Neutral**	**Vermeiden**
Alse (Maifisch)	Blaufisch (amerik. Bluefish)	Aal
Hecht	Flussbarsch (amerik. Yello Perch)	Austern
Kabeljau	Hai	Barrakuda (Pfeilhecht)
Lachs (nicht geräuchert)	Hering, frisch	Blaukiemen-Sonnenbarsch
Lachsforelle	Jakobsmuscheln	Flunder
Makrele	Karpfen	Flusskrebse
Picarel (Kleiner Hecht)	Katzenfisch/Steinbeißer (Waller, Wels)	Garnelen
Regenbogenforelle	Kaviar	Gelbschwanz (Bernsteinfisch)
Rotbarsch/Goldbarsch	Königs-Corvina (Weakfisch)	Hausen/Beluga-Stör
Roter Schnapper	Miesmuscheln	Heilbutt
Sardine	Renke/Blaufelchen	Hering, mariniert
Seehecht	Sandbarsch	Hummer/Languste
Seeteufel	Schnapper	Krabben
Segelfisch	Schwertfisch	Meer- (Wolfsbarsch)
Stör	Seeohr	Meeresschnecken
Thunfisch (weiß)	Silberbarsch (Adlerfisch)	Räucherlachs
Weinbergschnecken	Stint	Sandklaffmuscheln
Zackenbarsch	Tintenfisch (Kalmar)	Sardellen (Anchovis)
	Ziegelbarsch	Schellfisch
		Seezunge
		Streifenbarsch
		Tintenfisch (Krake)

Was Sie zu Fisch, Krusten- und Schalentieren wissen sollten

- Einige Fische und Meeresfrüchte enthalten Lektine, die wie dem Bluttyp A auch dem Blut vom Typ AB zu schaffen machen. Diejenigen in Seezunge und Flunder beispielsweise werden weder von der Blutgruppe A noch von Blutgruppe AB akzeptiert.
- Selbst wenn Weinbergschnecken bislang nicht zu Ihren Leibspeisen zählten, probieren Sie doch bei nächster Gelegenheit einmal davon. Die winzigen Häppchen stillen sicher keinen Hunger, dafür haben sie besondere Eiweiß-Lektine zu bieten, die für die Immunabwehr (etwa im Kampf gegen Krebs) bei Menschen mit Blutgruppe A und AB wichtig sein könnten.

Die Meeresschnecken haben nichts dergleichen vorzuweisen. Im Gegenteil. Sie gehören zu den Nahrungsmitteln, die Sie nicht essen sollten.

MILCHPRODUKTE, KÄSE UND EIER			
Vorteilhaft	**Neutral**		**Vermeiden**
Hüttenkäse (körniger Frischkäse) Joghurt Kefir Mozzarella Ricotta Sauerrahm (fettarm) Schafskäse (Feta) Ziegenkäse Ziegenmilch	Cheddar Colby Doppelrahm-Frischkäse Edamer Eier Emmentaler Gouda Gruyère Jarlsberg	Magermilch Molke (Trinkmolke) Monterey Jack Münsterkäse Neufchâtel Sojakäse/Sojaquark (Tofu) Sojamilch	Blauschimmelkäse Brie Butter Buttermilch Camembert Parmesan Provolone Schmelzkäse Sorbet Speiseeis Vollmilch

Was Sie zu Milchprodukten, Käse und Eiern wissen sollten

- Gewisse Ähnlichkeiten mit den Blutgruppen A und B sind nicht zu übersehen:

  Sauermilchprodukte wie Joghurt oder Kefir kommen wie beim Bluttyp B gut an. Molke, die als Nebenprodukt bei der Käseherstellung anfällt, ist wegen einiger Inhaltsstoffe nicht ganz so ideal. Buttermilch, die außer Fett alle Nähr- und Wirkstoffe der Milch enthält – und damit auch einige problematische Eiweiß-Lektine-, sollte sogar ganz vermieden werden (nicht zu verwechseln mit Dickmilch oder Sauermilch, die ähnlich wie Joghurt durch den Zusatz bestimmter Milchsäurebakterien entsteht).
- Falls Sie häufiger Probleme mit den Bronchien oder den Nasennebenhöhlen haben und auch wenn Sie zu Ohrentzündungen neigen, sollten Sie den Konsum von Milchprodukten einschränken, da diese eine zusätzliche Schleimproduktion bewirken.

- Essen Sie getrost hin und wieder ein Ei, um Ihren Eiweißbedarf zu decken. Lektine wie im Hühnerfleisch kommen darin nicht vor.

ÖLE UND FETTE		
Vorteilhaft	**Neutral**	**Vermeiden**
Olivenöl	Dorschleberöl (Lebertran) Erdnussöl Leinsamenöl Rapsöl	Baumwollsaatöl Butter Färberdistelöl Kokosfett-nussöl Maiskeimöl Sesamöl Sonnenblumenöl

Was Sie zu Ölen und Fetten wissen sollten

- Auch wenn das Verlangen nach tierischem Eiweiß mitunter größer ist, als es die sparsame Magensaftproduktion zulässt, sollten Sie Olivenöl, das reich an ungesättigten Fettsäuren ist, den tierischen Fetten vorziehen.
- Wählen Sie Rapsöl, das arm an Erucasäure ist. Sie gilt in größeren Mengen als gesundheitsschädlich.

NÜSSE UND SAMEN		
Vorteilhaft	**Neutral**	**Vermeiden**
Erdnüsse (auch Erdnussbutter) Esskastanien (Maronen) Walnüsse	Cashewnüsse Hickorynüsse Macadamianüsse Mandeln Paranüsse Pinienkerne Pistazien Tamarindensamen	Haselnüsse Kokosnüsse Kürbiskerne Mohnsamen Pekannüsse Sesamsamen (auch Sesampaste, Tahini) Sonnenblumenkerne

Was Sie zu Nüssen und Samen wissen sollten

- Hin und wieder ein paar Nüsschen zu knabbern hilft, den Eiweißbedarf zu decken. Aber Vorsicht: Die darin enthaltenen Eiweiß-Lektine beeinträchtigen bei Blutgruppe B die Ausschüttung von Insulin. Und da der Bluttyp AB sowohl von Blutgruppe A wie B einiges mitbekommen hat, könnte sich das auch bei Ihnen auf Verdauung und Stoffwechsel nachteilig auswirken.

BOHNEN UND HÜLSENFRÜCHTE			
Vorteilhaft	**Neutral**		**Vermeiden**
Grüne Linsen Perlbohnen Pintobohnen Rote Bohnen Sojabohnen (rot)	Brechbohnen Cannellinibohnen Dicke Bohnen (Puffbohnen, Saubohnen) Erbsenschoten (Zuckerschoten)	Grüne Bohnen (Mungbohnen) Grüne Erbsen Rote Linsen Stangenbohnen Weiße Bohnen	Augenbohnen Adzukibohnen Fava-Bohnen (kleine Ackerbohnen) Kichererbsen Kidneybohnen Limabohnen Schwarze Bohnen

Was Sie zu Bohnen und Hülsenfrüchten wissen sollten

- Hier haben die beiden Vorgänger-Blutgruppen A und B nicht immer Pate gestanden. Berglinsen und Pintobohnen sind dem Bluttyp AB durchaus willkommen, während die Antikörper der Blutgruppe B eine große Abneigung gegen die darin enthaltenen Lektine haben.

GETREIDE, TEIG- UND BACKWAREN		
Vorteilhaft	**Neutral**	**Vermeiden**
Dinkel (Körner mit Spelzen) Hafer: – Haferflocken – Haferkleie – Hafermehl Hirse Hirsebrot Keimlingsbrot Knäckebrot Reis: – Basmatireis – Naturreis – Puffreis – Reismehl – Reiswaffeln – Vollreisbrot – Weißer und wilder Reis Reiskleie Roggenmehl(-Brot) Sojabrot Weizen: – Brot aus gekeimtem Weizen (Essener Brot) – Weizenkeimbrot – Weizenmehl mit Keimlingen	Amaranth Dinkelbrot Dinkelmehl Gerste (Körner) Glutenfreies Brot Haferkleiemuffins Hartweizen Mehrkornbrot Pumpernickel Quinoa (Reismelde) Reisflocken Sojaflocken, -granulat Weizen: – Auszugsmehl (Type 405 oder 550) – Bulgur – Couscous – Hartweizengrieß – Hartweizenmehl – Matzen – Vollkornweizenbrot – Vollkornweizenmehl – Vollkornweizenschrot (Graham) – Weizenkeime – Weizenkleie, -gebäck – Weizenmehl – Weizenschrot Weizenbrot	Buchweizen: – Buchweizennudeln (Sobanudeln) – Kascha (gerösteter Buchweizen) Gerstenmehl Mais: – Cornflakes – Maismehl – Maismehlmuffins Topinamburpaste

Was Sie zu Getreide, Teig- und Backwaren wissen sollten

- Beim Weizen gilt das gleiche wie für Bluttyp A: Essen Sie möglichst wenig Weizen. Der Grund: Der säurebildende Kern des Weizenkorns verändert den Säure-Basen-Haushalt. Die Folge: Bei Bluttyp A und AB reagiert das Muskelgewebe verhältnismäßig sauer, bei Bluttyp 0 und B dagegen eher basisch – was jeweils unerwünscht ist. Bekömmlich sind für den Bluttyp AB Weizenkeime, die bereits Sprossen gebildet haben.

GEMÜSE			
Vorteilhaft	**Neutral**		**Vermeiden**
Alfalfasprossen	Adlerfarnsprossen	Paksoi	Artischocken
Auberginen	Bambussprossen	(Chin. Blattkohl	Avocados
Blumenkohl	Brunnenkresse	Pilze: Abalone,	Gemüsemais
Brokkoli	Chicorée	Austern, Cham-	Mungbohnen-
Grüner Blattkohl	Chilischoten	pignon, Enoki,	sprossen
Grünkohl	Chinakohl	Portobello,	Oliven (schwarz)
Gurken	Daikon	Shitake	Paprikaschoten
Knoblauch	(Rettichart)	Radicchio	(gelb, grün
Löwenzahn	Endivien	Rosenkohl	und rot)
Maitakepilze	Feldsalat	Rotkohl	Radieschen,
Pastinaken	Fenchel	Ruccola	-sprossen
Petersilie	Frühlingszwiebeln	Schalotten	Rettiche,
Rote Rüben/	Ingwer	Seegemüse	-sprossen
Rote Bete	Karotten	(Algen)	Topinambur
Sellerie	Kartoffeln	Spargel	
Senfkohlblätter	Kohlrabi	Spinat	
Süßkartoffeln	Kopfsalat	Steckrüben	
(Bataten)	Kürbis	Tomaten	
Yamswurzel	Lauch/Porree	Wasserkastanie	
	Mangold	Weiße Rübe	
	Meerrettich	(Turnips)	
	Okra	Weißkohl	
	(Gumbofrucht)	Zucchini	
	Oliven (grün)	Zwiebeln	

Was Sie zu Gemüse wissen sollten

- Tomaten stehen zwar nicht auf der Hitliste der empfohlenen Gemüse, doch sie sitzen auf der Reservebank. Während sich die Eiweiß-Lektine dieses Nachtschattengewächses mit den Bluttypen A und B überhaupt nicht vertragen, halten sie sich bei der Blutgruppe AB sonderbarerweise zurück. Und das Blut vom Typ 0 kann offenbar auch mit ihnen fertig werden.
- Essen Sie häufig und reichlich Gemüse und Salat. Die heilenden aktiven Biostoffe der vitaminreichen Pflanzenkost kommen dem oft schwachen Immunsystem des Bluttyps AB besonders zugute.

OBST			
Vorteilhaft	**Neutral**		**Vermeiden**
Feigen (frisch und getrocknet) Grapefruits (Pampelmusen) Kirschen Kiwis Loganbeeren Pflaumen Preiselbeeren Reneklode Stachelbeeren Weintrauben (blau und weiß) Zitronen Zwetschgen	Äpfel Aprikosen Birnen Blaubeeren Boysenbeeren Brombeeren Datteln Dörrpflaumen Erdbeeren Himbeeren Holunderbeeren Johannisbeeren (rot und schwarz)	Kochbananen Kumquats Limetten Limonen Lychees (Litschis) Mandarinen (Tangerinen) Melonen Nektarinen Papayas Pfirsiche Rosinen	Bananen Granatäpfel Guaven Kakis (Persimonen Sharonfrüchte) Kaktusfeigen Karambolen (Sternfrucht) Mangos Orangen Rhabarber

Was Sie zu Obst wissen sollten

- Orangen stören die Aufnahme (Resorption) von Mineralien im Verdauungstrakt, und obendrein reizen sie die empfindlichen Magenschleimhäute, die Menschen mit Bluttyp AB haben. Deshalb sollten Sie – wie auch Ihre Zeitgenossen mit Blutgruppe A – tunlichst auf Orangen verzichten.
  Eine hervorragende Alternative ist auch die feinsäuerliche Grapefruit. Die Pampelmuse, so ihr deutscher Name, ist zwar ebenfalls eine Zitrusfrucht, doch interessanterweise greift ihre Säure die Magenwände nicht an.
- Die normalerweise als äußerst bekömmlich erachteten Bananen sind ebenfalls Störenfriede bei Ihrer Verdauung. Allerdings sind es diesmal nicht die Fruchtsäuren, sondern die blutgruppenspezifischen Lektine, die beim Bluttyp AB auf erbitterten Widerstand stoßen. Die Lücke im Speiseplan lässt sich mit anderen Kaliumlieferanten wie Aprikosen, Feigen, Kirschen oder Wassermelonen aber recht gut schließen.

OBST- UND GEMÜSESÄFTE			
Vorteilhaft	**Neutral**		**Vermeiden**
Karottensaft Kirschsaft (Süßkirschen) Kopf-, Kohlsaft Papayasaft Preiselbeersaft Selleriesaft Traubensaft	Ananassaft Apfelmost, -cider Apfelsaft Aprikosensaft Dörrpflaumensaft Gemüsesaft*	Grapefruitsaft Gurkensaft Zitronensaft (mit Wasser verdünnt) *(aus den empfohlenen Gemüsen)	Orangensaft

Was Sie zu Obst- und Gemüsesäften wissen sollten

- Ein Glas warmes Wasser mit dem Saft einer halben Zitrone, allmorgendlich getrunken, befreit Menschen mit Bluttyp AB, so Blutgruppenforscher D'Adamo, von überflüssigem Schleim. Anschließend sollte ein Glas verdünnter Grapefruit- oder Papayasaft getrunken werden. Ansonsten aber sollten die vorteilhaften Säfte Ihre Favoriten sein.
- Und auch hier wieder der Hinweis: Gemüse- und Obstsäfte sollten nicht miteinander gemischt werden. Nur Äpfel und Karotten können allen Säften ohne weiteres zugefügt werden. Achten Sie beim Mischen darauf, dass Säfte von grünem Gemüse stets mit milden Gemüsesorten kombiniert werden, zum Beispiel Petersilie und Spinat mit Sellerie oder Karotten.

Was Sie zu Küchenkräutern und Gewürzen wissen sollten

- Die Empfehlungen zur Blutgruppen-Diät orientieren sich nicht allein an den Nahrungsmittel-Lektinen, die eine blutgruppenspezifische Wirkung auslösen. Viele Gewürze und Würzmischungen sollten Menschen mit dem Bluttyp AB schon deshalb weglassen, weil sie einen äußerst empfindlichen Verdauungstrakt haben. Ob Essig zu den abträglichen Würzmitteln gehört, ist unter Wissenschaftlern umstritten. Nur zu große Men-

KÜCHENKRÄUTER UND GEWÜRZE			
Vorteilhaft	**Neutral**		**Vermeiden**
Curry	Agar-Agar (Geliermittel)	Marmelade*	Anis
Ingwer	Ahornsirup	Mayonnaise*	Gelatine
Knoblauch	Algenextrakt (Dulse, Kelp)	Melasse (Zuckersirup)	Gerstenmalz
Meerrettich	Apfelessig	Minze (auch Pfefferminze)	Kapern
Miso (Sojapaste)	Balsamicoessig	Muskat	Maissirup und -stärke
Petersilie	Basilikum	Paprikapulver	Mandelextrakt
	Bergamotte	Pfeilwurzelmehl (Tapioka)	Pfeffer (Flocken, Körner und Pulver, auch Cayennepfeffer)
	Bohnenkraut	Rosmarin	Piment
	Dill	Safran	Süß und sauer eingelegte Nahrungsmittel (Mix Pickles, Relish)
	Estragon	Salbei	Tapiokastärke
	Gelbwurz	Salz	Tomatenketchup
	Gewürznelke	Schnittlauch	Weinessig, weiß
	Honig	Senf (auch Senfpulver)	Worcester-Sauce
	Ingwerpulver	Tamari (Sojasauce)	
	Johannisbrotkernmehl (Karob/Carob)	Thymian	
	Kakaopulver (Schokolade)	Vanille	
	Kardamom	Weinessig, rot	
	Kerbel	Weinstein	
	Koriander	Wintergrün	
	Kreuzkümmel, Kümmel	Zimt	
	Kurkuma (Gelbwurz)	Zucker (braun und weiß)	
	Lorbeerblatt	* aus empfohlenen und neutralen Früchten/Zutaten	
	Majoran		

gen können das Säure-Basen-Gleichgewicht stören, meinen die einen. Essig ist säurebildend, warnt dagegen Dr. D'Adamo und rät Menschen mit Blutgruppe AB, das saure Elixier ganz zu meiden. Am besten finden Sie selbst heraus, wie gut Ihnen Essig bekommt. Bereitet Ihnen der Magen ohnehin häufiger Probleme, dann sollten Sie Essig nur äußerst sparsam – wenn überhaupt – verwenden.

- Mayonnaise und Salatdressings sind für Sie zum Abrunden der Speisen erlaubt. Jedoch sollten Sie sie nur in geringen Mengen verwenden.

KRÄUTERTEES			
Vorteilhaft	**Neutral**		**Vermeiden**
Alfalfa	Baldrian	Petersilie	Aloe
Erdbeerblatt	Cayenne	Pfefferminze	Bockshornklee
Ginseng	Eisenkraut	Salbei	Enzian
Große Klette	Himbeerblatt	Sarsaparille	Helmkraut
Hagebutte	Holunder	Schafgarbe	Hirtentäschel
Ingwer, getrocknet	Johanniskraut	Thymian	Hopfen
Kamille	Kanadischer Orangenwurz	Ulmenrinde	Huflattich
Sonnenhut, Echinazin	Krauser Ampfer	Vogelmiere	Königskerze
Süßholz	Löwenzahn	Weißbirke	Lindenblüte
Weißdorn	Maulbeere	Weißeichenrinde	Maisgriffel
	Minze (auch Katzenminze)	Weißer Andorn	Rhabarber
			Rotklee
			Sennesblatt

Was Sie zu Kräutertees wissen sollten

- Kein Kräutertee, auch wenn er Ihnen noch so gut schmeckt, ist zum Dauergebrauch geeignet. Längst sind noch nicht alle der vielen Inhaltsstoffe der Kräuter erforscht.
  Es könnten neben den angestrebten Effekten womöglich Langzeitnebenwirkungen auftreten.
- Süßen Sie den Tee nach Möglichkeit nur dann, wenn es unbedingt sein muss.

GETRÄNKE		
Vorteilhaft	**Neutral**	**Vermeiden**
Bohnenkaffee (auch koffeinfreier Kaffee) Grüner Tee Reines Wasser (Quellwasser, Mineralwasser)	Bier Tafelwasser (auch mit Soda) Rotwein Weißwein	Colagetränke Diätlimonade Limonade Schwarzer Tee Spirituosen

Was Sie zu Getränken wissen sollten

- Dass Bohnenkaffee zu den empfohlenen Getränken gehört, sollte kein Freibrief sein, ihn in rauen Mengen zu genießen. Kaffee ist für Menschen mit Blutgruppe AB gut bekömmlich, weil er die spärliche Magensaftproduktion anregt. Ob das auch für den koffeinfreien Kaffee gilt, ist nicht sicher. Denn nach Ansicht einiger Fachleute soll er sogar gegen Sodbrennen hilfreich sein – weil er ihren Erkenntnissen zufolge weniger Säure als der herkömmliche Kaffee bildet. Auch hier gilt also: Finden Sie selbst heraus, wie Ihnen das schwarze Gebräu – mit oder ohne Koffein – bekommt.

Für alle Blutgruppen auf einen Blick: Die bekömmlichsten Nahrungsmittel von A bis Z

A
Adlerfarnsprossen A
Adzukibohnen 0, A
Alfalfa A, AB
Alfalfasprossen A, AB
Algenextrakt 0
Aloe A
Alse (Maifisch) 0, B, AB
Amaranth A
Ananas A, B, AB
Ananassaft 0, A, B
Aprikosen(-Saft) A
Artischocken 0, A
Auberginen B, AB
Augenbohnen 0, A

B
Baldrian A
Bananen B
Basmatireis AB
Bataten (Süßkartoffeln) 0, B, AB
Berglinsen A, AB
Blaubeeren A
Blaufisch 0
Blumenkohl B, AB
Bockshornklee 0, A
Bohnenkaffee (auch koffeinfreier Kaffee) A, AB
Boysenbeeren A
Brokkoli 0, A, B, AB
Brombeeren A
Buchweizen (auch geröstet, Kascha) A
Buchweizennudeln A
Büffel 0
Buschbohnen A

C
Cayennepfeffer 0, B
Chicorée 0, A
Chilischoten B
Chinakohl B
Curry 0, B, AB

D
Dinkel B, AB

E
Eier B
Erdbeerblatt AB
Erdnüsse/Erdnussbutter A, AB
Escarole (glatter Endivien) 0, A
Essener Brot (Keimlingsbrot) A, B, AB
Esskastanien (Maronen) AB

F
Feigen (frisch und getrocknet) 0, A, AB
Feldsalat 0
Flunder B
Flussbarsch 0, A

G
Gartenkürbis 0, A
Gelbschwanz (Bernsteinfisch) 0
Gerstenmalz A
Ginseng A, B, AB
Grapefruits A, AB
Grapefruitsaft A
Große Klette A, AB
Grüne Bohnen A
Grüne Linsen AG
Grüner Blattkohl 0, A, B, AB
Grüner Tee A, B, AB
Grünkohl 0, A, B, AB
Gurken AB

H
Haferflocken B, AB
Haferkleie B, AB
Hafermehl A, B, AB
Hagebutte 0, A, B, AB
Hammel 0, B, AB
Hase/Kaninchen B, AB
Hecht 0, B, AB
Heilbutt 0, B
Helmbohnen A
Hering 0
Hering, mariniert B
Herz 0
Himbeerblatt B
Hirse B, AB
Hopfen 0
Hüttenkäse B, AB

I
Ingwer 0, A, B, AB

J
Joghurt (auch Fruchtjoghurt) B, AB
Joghurteis B
Johannisbrotkernmehl 0
Johanniskraut A

K
Kabeljau 0, A, B, AB
Kalb 0
Kamille A, AB
Kaninchen/Hase B, AB
Karotten A, B
Karottensaft A, AB
Karpfen A
Kaviar B
Kefir B, AB
Keimlingsbrot (Essener Brot) A, B, AB
Kidneybohnen B
Kirschen A, AB
Kirschsaft 0, A, AB

Kiwis AB
Knäckebrot AB
Knoblauch 0, A, AB
Kohlrabi 0, A
Kohlsaft B, AB
Kürbiskerne 0, A
Kurkuma 0

L
Lachs 0, A, B, AB
Lachsforelle A, B, AB
Lamm 0, B, AB
Lauch/Porree 0, A
Leber 0
Leinöl 0, A
Limabohnen B
Lindenblüten 0
Linsen (grün und rot) A
Loganbeeren AB
Löwenzahn 0, A, AB

M
Magermilch B
Maitakepilze AB
Makrele 0, A, B, AB
Mangold 0, A
Mariendist A
Maulbeere 0
Merrettich 0, A, B, AB
Melasse A
Miso A, AB
Mozzarella B, AB

N
Naturreis AB

O
Okra (Gumbofrucht) 0, A
Olivenöl 0, A, B, AB

P
Papayas B
Papayasaft B, AB
Paprikaschoten (gelb, grün und rot) B
Pastinaken 0, A, B, AB
Pekannüsse B
Perlbohnen B, AB
Petersilie 0, A, B, AB
Pfefferminze 0, B
Pflaumen (frisch und getrocknet) 0, A, B, AB
Pflaumensaft 0, A
Picarel (kleiner Hecht) A, B, AB
Pintobohnen 0, A, AB
Porgy B
Porree/Lauch 0, A
Preiselbeeren A, B, AB
Preiselbeersaft B, AB
Puffreis B, AB

R
Regenbogenforelle 0, A, AB
Reis (Naturreis, Wilder Reis) AB
Reisbrot (Vollreisbrot) B, AB
Reiskleie AB, B
Reismehl A, B, AB
Reiswaffeln A, B, AB
Reneklode 0, A, B, AB
Renke 0, A
Ricotta B, AB
Rind 0
Roggenbrot AB
Roggenmehl A, AB
Römischer Salat 0, A
Rosenkohl B
Rosinen A
Rotbarsch, Goldbarsch B, AB
Rote Bohnen AB
Rote Paprikaschoten 0
Rote Rüben/Rote Bete B, AB
Rote Sojabohnen A, AB
Roter Schnapper 0, A, AB
Rotkohl B
Rotwein A

S
Salbei B
Sandbarsch 0
Sardine 0, A, B, AB
Sarsaparille 0
Sauerrahm (fettarm) AB
Schafskäse (Feta) B, AB
Schellfisch B
Schnapper 0
Schwarze Bohnen A
Schwertfisch 0
Seegemüse (Algen) 0
Seehecht 0, B, AB
Seeteufel A, B, AB
Seezunge 0, B
Segelfisch AB
Sellerie AB
Selleriesaft A, AB
Senf A
Senfkohlblätter B, AB
Shiitakepilze B
Sojabohnen (rot) A, AB
Sojabrot A, AB
Sojakäse/Sojaquark (Tofu) A
Sojamehl A
Sojamilch A
Sojasauce A
Sonnenhut A, AB
Spinat 0, A
Stachelbeeren AB
Steckrüben A
Stör 0, B, AB
Streifenbarsch 0
Süßholz B, AB
Süßkartoffeln 0, B, AB

T
Tamari A
Tamarindensamen B
Thunfisch, weiß AB
Tofu (Sojakäse/Sojaquark) A
Topinambur 0, A

Traubensaft B, AB
Truthahn AB

U
Ulmenrinde 0, A
Umberfisch/Adlerfisch A

V
Vogelmiere 0
Vollreisbrot B, AB

W
Walnüsse 0, AB
Wasser 0, A, B, AB
Weinbergschnecken A, AB
Weintrauben B, AB
Weißdorn A, AB
Weiße Rüben (Turnips) 0, A
Weißer Reis AB
Weißkohl B
Weizenkeimbrot A, AB
Weizenmehl mit Keimlingen AB
Wild (Hirsch/Reh) 0, B
Wilder Reis AB

Y
Yamswurzel B, AB

Z
Zackenbarsch A, B, AB
Ziegelbarsch 0
Ziegenkäse B, AB
Ziegenmilch B, AB
Zitronen A, AB
Zitronenwasser A
Zwetschgen 0, A, B, AB
Zwiebeln 0, A

Blutgruppen-Diät leicht gemacht

Fit und schlank mit leckeren und bekömmlichen Gerichten

Auf den nächsten Seiten finden Sie eine Auswahl wohlschmeckender und bekömmlicher Haupt- und Zwischenmahlzeiten. Sie wurden aus den vorteilhaften Nahrungsmitteln für jede Blutgruppe zusammengestellt und mit einigen neutralen Zutaten ergänzt. Es handelt sich dabei wohlgemerkt nur um Beispiele, die zeigen sollen, wie einfach es ist, mit der Blutgruppen-Diät abwechslungsreiche und gesunde Gerichte auf den Tisch zu bringen. Natürlich lassen sich die einzelnen Menüs ohne weiteres mit anderen vorteilhaften oder neutralen Zutaten abwandeln. Suchen Sie sich dazu aus den bei Ihrer Blutgruppe aufgeführten Nahrungsmitteltabellen Ihre persönlichen Geschmacksfavoriten aus.

Allzu viel ist ungesund

Die Menüvorschläge sollen Sie dazu anregen, Ihre Mahlzeiten mit den für Ihre Blutgruppe empfohlenen Nahrungsmitteln nach Lust und Laune zu gestalten. Daher wurde bewusst darauf verzichtet, starre Maß- und Mengeneinheiten vorzugeben. Es reicht völlig, wenn Sie sich vor Augen halten, dass die Portionen stets klein sein sollten. Wenn Sie sich nach dem Essen so wohlig satt fühlen, dass Sie am liebsten ein Nickerchen machen würden, dann war es mit Sicherheit schon des Guten zuviel. Als Richtschnur könnte bei Erwachsenen gelten, dass bei jeder Mahlzeit (bei vier

Mahlzeiten pro Tag) alle Zutaten zusammen nicht mehr als 125 Gramm ausmachen sollten. Denn es kommt nicht darauf an, dem Körper mit einem Mal all die wichtigen Nährstoffe zuzuführen, sondern dass diese gleichbleibend ins Blut gelangen. Anstelle der jeweils vorgeschlagenen vier Mahlzeiten können Sie die Gerichte auch gut und gerne in fünf oder sechs Portionen über den Tag verteilen.

Der Phantasie sind (fast) keine Grenzen gesetzt

Es hat sich in der Praxis gezeigt, dass es im Alltag leichter fällt, sich nach der Blutgruppen-Diät zu ernähren, wenn völlig neue Gerichte kreiert werden. Also nur zu: Stellen Sie selbst Ihren individuellen Speiseplan zusammen. Und lassen Sie sich nicht von festgefahrenen Küchenregeln die Freude am Kochen oder Zubereiten nehmen.

Ob Sie Ihr Gemüse in ein oder zwei Esslöffeln Olivenöl andünsten, drei oder fünf gehackte Walnusskerne über Ihr Müsli streuen, eine Hand voll Chinakohl oder nur zwei Blätter auf den Teller legen – all das bleibt Ihrem eigenen Geschmack überlassen. Und ob Sie Fisch lieber gegrillt oder gedünstet essen, Gemüse bissfest oder etwas weicher dämpfen – auch derlei Finessen können Sie ganz nach Ihrer persönlichen Vorliebe variieren.

Wir wollen Ihnen auf den nächsten Seiten auch nicht erklären, wie man richtig kocht. Oder wie man fachmännisch den Fisch von den Schuppen befreit, bevor er in der Pfanne landet. Oder wie man ein Fruchtgelee mit Agar-Agar statt mit Gelatine zum Gelieren bringt. Wir wollen Sie in erster Linie »auf den Geschmack bringen«!

Falls Sie Ihre Gerichte bisher nur selten oder noch gar nicht mit Zutaten wie Algenextrakten oder aus Sojaerzeugnissen zubereitet haben und auch wenn Sie Getreidesorten wie Amarant, Dinkel oder Quinoa bislang nicht probiert haben, ist das kein Problem.

Kaufen Sie verpackte Ware im Reformhaus, Naturkostladen oder in der Naturkostabteilung großer Supermärkte und richten Sie sich nach den Angaben auf der Verpackung. Damit sind Sie auf der sicheren Seite. Denn je nach Verarbeitungsverfahren gibt es gerade bei den Naturerzeugnissen zum Teil beachtliche Unterschiede, was Mengenangaben und Zubereitungszeiten betrifft. Im Buchhandel finden Sie außerdem viele informative Ratgeber, in denen Sie erfahren, wie sich die gesunde Kost am schonendsten zubereiten lässt.

Das Wichtigste bei der Blutgruppen-Diät – das sei noch einmal betont – ist, dass Sie diejenigen Nahrungsmittel auswählen und miteinander kombinieren, für die Ihre Verdauung am besten gerüstet ist. Und die finden Sie zunächst in der Kategorie »Vorteilhaft« (zur raschen Übersicht siehe Tabelle Seite (91ff.). Greifen Sie aber auch zu den neutralen Lebensmitteln, um die Mahlzeiten so abwechslungsreich wie möglich zu gestalten. »Sehen Sie die Blutgruppen-Diät wie die Palette eines Malers«, empfiehlt Dr. D'Adamo, »von der man die Farben in verschiedenen Farbtönen und Mischungen auswählen kann«.

Wenn's um die schlanke Linie geht ...

... ist keine spezielle Diät erforderlich. Es reicht völlig aus, wenn Sie über den Tag verteilt nur kleine Portionen essen (bei sechs Mahlzeiten jeweils etwa 60 bis 80 Gramm), wobei die Lebensmittel aus der Kategorie »Vorteilhaft« wiederum an erster Stelle stehen sollten. Ihr Stoffwechsel wird sich schon bald auf die neue Kost einstellen und die Kalorien gründlicher als bisher verbrennen. Sobald sich die Stoffwechselvorgänge normalisieren, wird sich Ihr Gewicht von selbst regulieren.

Ganz allgemein gilt: Essen Sie möglichst unverfälschte naturbelassene Nahrungsmittel. Kombinieren Sie tierisches Eiweiß (das gilt besonders für Menschen mit Blutgruppe 0) nicht mit allzu viel kohlenhydratreicher Kost (wie Brot, Getreide, Süßes), sondern verzehren Sie statt dessen Fleisch, Fisch, Käse und Eier stets zusammen mit frisch zubereitetem Gemüse.

Blutgruppe O – Menüvorschläge für eine Woche

1. Tag

Frühstück: Grüner Tee, Mineralwasser, Bananentoast mit Grapefruit
Roggentoast, Butter, Banane, Honig, Grapefruit

Toast dünn mit Butter bestreichen, Bananenscheiben auflegen, mit Honig beträufeln. Grapefruit in zwei Hälften teilen und das Fruchtfleisch auslöffeln.

Mittagessen: Kräuterfisch mit Pastinaken und Endiviensalat
Regenbogenforelle, Zitronensaft, Olivenöl, frische Kräuter (Petersilie, Dill, Kerbel), Pastinaken, Endivien

Fisch mit Zitronensaft einreiben. In eine mit Öl eingefettete feuerfeste Form legen. Fisch mit Öl bestreichen und mit den Kräutern bestreuen. Zugedeckt im vorgeheizten Backofen garen. Dazu passen in Folie gebackene Pastinaken und Endiviensalat.

Zwischengericht: Artischockendip
Artischocke, Zitronensaft, fettarme Mayonnaise, Kerbel, Petersilie, Schnittlauch, Estragon

Artischocke in Salzwasser mit ein paar Tropfen Zitronensaft kochen, bis sich probeweise ein Blatt löst. Aus Mayonnaise und den Kräutern einen Dip zubereiten. Die fleischigen Blattansätze der Artischocke darin eintauchen und das Fruchtfleisch mit den Zähnen abstreifen. Den freigelegten Artischockenboden in Würfel schneiden und zusammen mit dem Dip verzehren.

Abendessen: Kalbskotelett mit Blattspinat

Kalbskotelett, Olivenöl, Zwiebeln, Spinat, Knoblauch, Salz, Cayennepfeffer, Tofu (Sojakäse/Sojaquark)

Kotelett in Olivenöl braten. Zwiebeln im Öl glasig dünsten, frischen Spinat zugeben, im geschlossenen Topf garen. Knoblauch darüberpressen, mit Salz und Cayennepfeffer abschmecken. Tofu mit Salz und Cayennepfeffer verrühren und über den angerichteten Spinat geben.

2. Tag

Frühstück: Hagebuttentee und Vollkornmüsli

Dinkel, Hirse und Gerste, Apfel, Ahornsirup, Anispulver

Getreidemischung in Wasser aufkochen und etwa 30 Minuten quellen lassen. Mit geriebenem Apfel, Ahornsirup und Anispulver verrühren.

Mittagessen: Rindfleischcurry mit Paprika und Reis

Sojasauce, Knoblauch, gehackte Petersilie, Koriander, Olivenöl, Rindergulasch, Curry, rote Paprikaschoten, Quinoamehl, Jodsalz, Zucker, Reis

Sojasauce, zerdrückten Knoblauch, Petersilie, Koriander und Öl verrühren. Fleisch 1 Stunde darin einlegen. Fleisch anbraten, Curry darüber stäuben und mit 1 Tasse Wasser angießen. 1 Stunde schmoren. Gewürfelte Paprikaschote dazugeben und mitschmoren lassen. Mit dem Quinoamehl leicht andicken, mit Salz und Zucker abschmecken. Dazu passt Reis.

Zwischengericht: Römischer Salat mit Krabben
Knoblauch, Schnittlauch, Ingwer, Sojasauce, Zucker, Salz, Leinsamenöl, Krabbenfleisch, Römischer Salat

Feingehackten Knoblauch, Schnittlauch und Ingwer mit Sojasauce, Zucker, Salz und Öl verrühren. Krabbenfleisch auf die Salatblätter geben, mit der Marinade beträufeln.

Abendessen: Adzukibohnensuppe
Zwiebel, Lauch, Suppengrün (Petersilie, Karotten, Sellerie, Thymian), Olivenöl, Adzukibohnen, Algenextrakt, Knoblauch, Tofu (Sojakäse/Sojaquark)

Kleingeschnittenes Gemüse in Öl andünsten, zusammen mit den (bereits eingeweichten) Adzukibohnen in einen Topf mit Wasser geben und bei milder Hitze kochen, bis alle Zutaten weich sind. Mit Algenextrakt und Knoblauch würzen und mit einem Klacks Tofu servieren. Dazu passt neutrales Brot, z.B. Knäcke-, Hirse- oder Roggenbrot.

3. Tag

Frühstück: Grüner Tee, Zitronenwasser, Rührei mit Petersilie auf Essener Brot
Essener Brot (Brot aus gekeimtem Weizen), Butter, Eier, frische Petersilie

Brot mit Butter bestreichen und mit Rührei belegen. Reichlich klein geschnittene Petersilie darüber streuen.

Mittagessen: Lachsstreifen auf Kohlrabi mit Karottenpüree
Lachsfilet ohne Haut, Sojasauce, Honig, Kohlrabi, Ingwer, Olivenöl, Misobrühe, Petersilie, Zitronensaft, Mandelsplitter, Karotten, Zwiebeln

Lachsfilet in Scheiben schneiden, mit Sojasauce und Honig bestreichen. Einige Minuten abgedeckt im Kühlschrank ziehen lassen. Kohlrabischeiben und kleine Ingwerstückchen in heißem Öl unter Rühren andünsten, Misobrühe zugießen und etwa 5 Minuten zugedeckt dünsten. Petersilie und Zitronensaft zugeben, Lachs auf dem Kohlrabi verteilen und weitere 5 Minuten zugedeckt dünsten. Mandelsplitter in Öl goldbraun rösten, über den Fisch streuen. Karotten mit Zwiebeln in Öl weich dünsten und anschließend pürieren.

Zwischengericht: Karottenrohkost mit Meerrettich
Karotten, Äpfel, Zitronensaft, Rapsöl, Salz, Ahornsirup, Kürbiskerne

Karotten und Äpfel raspeln. Aus Zitronensaft, Öl, Salz und Ahornsirup eine Marinade rühren, mit Äpfeln und Karotten mischen. Mit Kürbiskernen bestreuen.

Abendessen: Hirschsteak mit Gurkengemüse
Hirschsteak, Öl, Salz, Zwiebeln, Schmorgurken, Misobrühe, Rotwein, Cayennepfeffer, frischer Dill

Hirschsteak mit Öl bepinseln, auf jeder Seite grillen, anschließend salzen. Zwiebeln in Öl glasig dünsten, fingerdicke Gurkenstücke dazugeben, etwas Misobrühe und Rotwein zugießen und bissfest schmoren. Mit einer Prise Cayennepfeffer abschmecken, mit feingehacktem Dill bestreuen.

4. Tag

Frühstück: Ingwertee, Aprikosensaft, Hirsebrot mit Pflaumenmus und Pinienkernen
Hirsebrot, Butter, Pflaumenmus, Pinienkerne

Brot mit Butter und Pflaumenmus bestreichen, Pinienkerne darüber streuen.

Mittagessen: Kalbsleber mit Ananas und Bananen
Kalbsleber, Butter, Salz, Sesampaste (Tahini), Ananasscheiben, Bananen

Die Leberscheiben in Butter auf beiden Seiten braun braten, anschließend leicht salzen und dick mit Sesampaste bestreichen. Ananas und halbierte Bananen in der Pfanne erwärmen, über die Leberscheiben legen.

Zwischengericht: Feigenkompott mit Rotwein
Frische Feigen, Zucker, Zitronensaft, Rotwein

Feigen in Zuckerwasser und etwas Zitronensaft kurz kochen. Einen Schuss Rotwein darüber gießen, ziehen lassen und kalt servieren.

Abendessen: Heilbutt mit Chicoréesalat
Heilbutt, Salz, Cayennepfeffer, Olivenöl, Butter, gehackte Kräuter (Petersilie, Estragon, Kerbel), Chicorée, Ananas, Äpfel, Karotten, Salatmarinade

Heilbuttscheiben mit Salz, Pfeffer und Öl einreiben, in die heiße Grillpfanne legen. Der Fisch ist gar, sobald sich die Mittelgräte leicht herausziehen lässt. Die Butter mit den Kräutern mischen, mit dem Fisch anrichten. Chicoréeblätter mit Stücken von Ananas, Äpfeln und Karotten mischen, mit Marinade übergießen.

5. Tag

Frühstück: Petersilientee, Apfelkrautschnitten mit Pflaumentofu
Sojabrot, Butter, Apfelkraut, Sonnenblumenkerne, Tofu (Sojakäse/Sojaquark), frische Pflaumen oder Früchte der Saison, Ahornsirup

Brot mit Butter bestreichen, mit Apfelkraut belegen, mit Sonnenblumenkernen bestreuen. Tofu mit Pflaumen oder frischen Früchten der Saison mischen. Mit Ahornsirup abschmecken.

Mittagessen: Lammfilet mit Thymian und Feldsalat
Lammfilet, Butter oder Olivenöl, Zwiebel, Apfel, Knoblauch, frischer Thymian, Weißwein, Salz, Cayennepfeffer, Feldsalat, Zitronensaft

Lammfilet in dünnen Scheiben in heißem Fett braten, bis es gerade durch ist. Fleisch aus der Pfanne nehmen, zugedeckt warm halten. Kleingeschnittene Zwiebel, Apfel, Knoblauch und gehackten Thymian weich schmoren. Weißwein zugießen, Sauce mit Salz und einem Hauch Cayennepfeffer abschmecken, mit den Filets anrichten. Den Feldsalat mit einer Marinade aus Olivenöl, Zitronensaft, Cayennepfeffer und Salz mischen.

Zwischengericht: Bunte Schafskäsecracker
Glutenfreie Cracker, Schafskäse, Gurke, rote Paprikaschote, Schnittlauch

Cracker, Schafskäse, Gurkenscheiben und dünne Streifen der Paprikaschote mischen, mit Schnittlauch bestreuen.

Abendessen: Grüner Blattsalat mit Sonnenblumenkernen
Blattsalat (nach Saison: Löwenzahn, Endivien-, Feld- oder Eisbergsalat), Leinsamenöl, kleingehackte Zwiebeln, Zitrone, Zucker, Salz, Cayennepfeffer, Sonnenblumenkerne

Salat mit einem Dressing aus Leinsamenöl, Zwiebeln, Zitronensaft, Zucker, Salz und einem Hauch Cayennepfeffer anrichten. Sonnenblumenkerne darüber streuen.

6. Tag

Frühstück: Kräutertee, Knäckebrot mit Holundergelee, Ei im Glas
Knäckebrot, Butter, Holunderkonfitüre, Ei

Knäckebrot mit Butter und Konfitüre bestreichen. Ei im Glas weich kochen.

Mittagessen: Grünkohl mit Rinderhack und Topinambur
Hackfleisch, Rapsöl, Pinienkerne, ungeschwefelte Rosinen, Misobrühe, Grünkohl (tiefgefroren), Zwiebeln, Salz, Topinambur

Hackfleisch in Öl krümelig braten, Pinienkerne und Rosinen dazugeben, kurz heiß werden lassen. Misobrühe darüber gießen, heiß werden lassen. Grünkohl auftauen, mit glasig gedämpften Zwiebeln in heißem Fett schwenken, mit Salz abschmecken, zusammen mit dem Hackfleisch anrichten. Dazu schmeckt gedämpfter Topinambur.

Zwischengericht: Hirsewaffeln mit Pflaumenkompott
Hirse, Weinstein-Backpulver, Sojamilch, Ahornsirup, Salz, Butter, Mineralwasser, frische Pflaumen/Zwetschgen, Zucker, Zitronensaft

Backpulver unter die feingemahlene Hirse mischen, mit Sojamilch, Ahornsirup, Salz zu einem Teig verrühren. 30 Minuten quellen lassen. Waffeleisen vorheizen, einfetten und kurz vor dem Backen einen Schuss Mineralwasser an den Teig geben. Pflaumen oder Zwetschgen mit etwas Zucker und Zitronensaft erhitzen und zu den Waffeln reichen.

Abendessen: Hähnchenbrust auf Brot mit Bambussprossen und Sesam
Bambussprossen, Sojasauce, Zitronensaft, Schnittlauch, Pfeffer, Brotscheiben, Sesampaste (Tahini), Eisbergsalat, Radieschen, gebratene Hähnchenbrust, Sesamsamen

Bambussprossen unter Rühren anbraten, Sojasauce, Zitronensaft, Schnittlauch und Pfeffer untermischen. Brotscheiben (neutrale Sorte) dünn mit Sesampaste bestreichen, mit Salatblättern, Radieschenscheiben, Hähnchenbrustscheiben und Bambussprossen belegen. Mit Sesam bestreuen.

7. Tag

Frühstück: Ananassaft, Mineralwasser, Reiswaffeln mit Mandelmus, Tofu mit Früchten
Reiswaffeln, Mandelmus, bekömmliches neutrales Obst der Saison, Tofu (Sojakäse/Sojaquark)

Reiswaffeln mit Mus bestreichen. Dazu Obst mit Tofu reichen.

Mittagessen: Maischolle mit Mangold
Zwiebeln, Karotten, Olivenöl, Weißwein, Maischolle (Alse), Zitrone, Cayennepfeffer, Petersilie, Mangoldstaude, Salz, Muskat

Dünn geschnittene Zwiebel- und Karottenscheiben in Öl mit einem Schuss Weißwein andünsten. Scholle, Zitronenscheiben und gedünstetes Gemüse auf eine Alufolie legen, Pfeffer und gehackte Petersilie darüberstreuen. Folie schließen und Fisch im Backofen garen. Mangoldblätter von den Stielen streifen und grob hacken. Stiele in Streifen schneiden. Zwiebeln in Öl glasig dünsten, Mangoldstiele dazugeben, etwa 5 Minuten dünsten, dann die Blätter dazugeben. Mit Salz, Cayennepfeffer und Muskat würzen. Einen Schuss Weißwein zugeben und das Gemüse 10 Minuten im geschlossenen Topf garen lassen.

Zwischengericht: Rehbratenhäppchen mit Feigen und Oliven
Hirsebrotscheiben, Butter, Rehbraten, frische reife Feigen, grüne Oliven

Hirsebrotscheiben dünn mit Butter bestreichen, kalte Rehbratenscheiben und halbierte Feigen auflegen. Mit grünen Oliven anrichten.

Abendessen: Kerbelsuppe mit Knoblauchbrot
Zwiebel, Butter, Kerbel, Pfeilwurzelmehl, Misobrühe, Salz, Cayennepfeffer, Eigelb, Sojamilch, Weißwein, Buchweizenbrot, Knoblauch

Zwiebel in Butter goldgelb dünsten, Kerbel zugeben, mit etwas Pfeilwurzelmehl binden, Misobrühe aufgießen, aufkochen und etwas ziehen lassen. Mit Salz und Cayennepfeffer abschmecken. Eigelb mit Sojamilch und Weißwein mischen, unter die Suppe rühren. Mit Kerbel bestreuen. Dazu passt frisch geröstetes Brot mit Knoblauchbutter.

Bekömmliche Getränke für zwischendurch

Vitamincocktails aus: Weintrauben und Ananas; Grapefruit und Banane; Kürbis und Grapefruit; Karotten und Brokkoli; Tomaten und Sellerie; Gurken und Tomaten; Spinat und Rote Bete; Fenchel und Paprika. Außerdem Milch-Mix-Getränke aus Obst und Gemüse der Rubrik »Vorteilhaft« mit Sojamilch.

Täglicher Durstlöscher: Reines Wasser (Quellwasser, Mineralwasser), Pfefferminztee.

Erlaubt sind außerdem Grüner Tee sowie – in Maßen – Bier und Wein.

Blutgruppe A – Menüvorschläge für eine Woche

1. Tag

Frühstück: Kaffee, Ei, Joghurtmüsli mit Apfel
Ei, Joghurt, Apfel, Vollkornhafer, Anis- oder Zimtpulver

Ei weich kochen. Joghurt mit geriebenem Apfel und Vollkornhafer verrühren. Nach Geschmack mit Anis- oder Zimtpulver verfeinern.

Mittagessen: Bunte Fischsuppe
Kürbis, Kohlrabi, Karotten, Zwiebeln, Knoblauch, Steckrüben, Grüne Bohnen (oder anderes vorteilhaftes oder neutrales Gemüse und Suppenkräuter), Olivenöl, Misobrühe, Fischfilet (Flussbarsch oder Kabeljau), Lorbeerblatt, Rosmarin, Tofu (Sojakäse/Sojaquark), Zitronensaft

Feingehackte Gemüse in etwas Olivenöl weich dünsten, mit kräftiger Misobrühe auffüllen, etwas köcheln lassen. Fischstücke, Lorbeerblatt und Rosmarin zugeben und garen. Tofu einrühren und nochmal mit Rosmarin und mit Zitronensaft abschmecken.

Zwischengericht: Gurken-Meerrettich-Brot und Karottensaft
Essener Brot (Brot aus gekeimtem Weizen), geriebener Meerrettich, Gurke, frische Kresse, Karottensaft, Petersilie

Essener Brot mit Meerrettich bestreichen, Gurkenscheiben auflegen und frische Kresse darüber verteilen. Den Karottensaft mit etwas geriebenem Meerrettich abschmecken und mit einem Stängel Petersilie anrichten.

Abendessen: Milchreis mit Dörrobst
Milchreis, Sojamilch, Vanille, Melasse, Zitronensaft, getrocknete Aprikosen und Pflaumen

Reis in Sojamilch und etwas Vanille aufquellen lassen. Wasser mit Melasse und einem Spritzer Zitronensaft aufkochen, Früchte dazugeben und ziehen lassen. Mit dem Reis anrichten.

2. Tag

Frühstück: Pfefferminztee, Ananassaft, Holunderschnitten
Hirsebrot, Ricotta (italienischer Frischkäse), Holundergelee, Sonnenblumenkerne

Hirsebrot mit Ricotta bestreichen, Holundergelee darüber verteilen und mit Sonnenblumenkernen bestreuen.

Mittagessen: Truthahnbrust mit Lauchgemüse
Truthahnbrust, Salz, Olivenöl, Lauch, Sesampaste (Tahini)

Truthahnbrust salzen, mit Olivenöl bestreichen, auf beiden Seiten grillen. Kleingeschnittenen Lauch zugedeckt in etwas Olivenöl dünsten, mit Sesampaste abschmecken.

Zwischengericht: Vollkornhaferkekse mit Brombeermilch
Sojamilch, Brombeermarmelade, Vollkornhaferkekse

Sojamilch mit etwas Brombeermarmelade verquirlen, dazu Haferkekse knabbern.

Abendessen: Gedämpfter Lachs auf Alfalfasprossen
Lachs, Alfalfasprossen, Olivenöl, Zitronensaft, Senf, Dill, Salz, Zucker

Lachs auf den Alfalfasprossen anrichten. Öl, Zitronensaft, Senf, Dill, Salz und Zucker verrühren und darüber geben.

3. Tag

Frühstück: Grüner Tee, Erdnussbutterbrot mit Obstsalat
Essener Brot (Brot aus gekeimtem Weizen), Erdnussbutter, vorteilhaftes oder neutrales Steinobst (zum Beispiel Pflaumen, Kirschen, Aprikosen), Ahornsirup, Erdnüsse

Essener Brot mit Erdnussbutter bestreichen. Obst in kleine Stücke schneiden, mit Ahornsirup süßen und mit gehackten Erdnüssen bestreuen.

Mittagessen: Hähnchenschenkel mit Zaziki
Hähnchenschenkel, Salz, Knoblauch, Olivenöl, Schalotte, frische Kräuter (Dill, Petersilie, Schnittlauch), Gurke, Joghurt

Hähnchenschenkel mit Salz, zerdrücktem Knoblauch und Olivenöl einreiben, auf beiden Seiten im Backofen grillen. Knoblauch, Schalotte und Kräuter zerkleinern, Gurke raspeln, alles mit Joghurt verrühren.

Zwischengericht: Rote Grütze mit Joghurteis
Gemischte Beeren, Zitrone, Zucker, Agar-Agar, Joghurteis

Gemischte Beeren, Zitrone und Zucker mit Agar-Agar (anstelle von Gelatine) aufkochen, erkalten lassen. Mit Joghurteis anrichten.

Abendessen: Topinambur mit Brokkoli
Topinambur, Misobrühe, Olivenöl, frische Kräuter (Petersilie, Dill, Kerbel, Schnittlauch), Brokkoli, Kürbiskerne

Topinamburscheiben in milder Misobrühe bissfest kochen. In heißem Öl schwenken, mit gehackten Kräutern bestreuen. Mit gedünsteten Brokkoliröschen anrichten. Kürbiskerne darüberstreuen.

4. Tag

Frühstück: Zitronenwasser, Grüner Tee, Tofuomelett mit Alfalfasprossen
Tofu (Sojakäse/Sojaquark), Ei, Olivenöl, Alfalfasprossen, Tamari (Sojasauce)

Zitronenwasser auf nüchternen Magen trinken. Aus Tofu und Ei einen Teig rühren, Omelett in Öl ausbacken. Mit frischen Alfalfasprossen belegen und mit etwas Tamari beträufeln.

Mittagessen: Hecht mit Dillsauce und Pastinaken
Hechtschnitten, Salz, Zwiebel, Olivenöl, Weißwein, Zitronensaft, Dill, Senf, Tofu (Sojakäse/Sojaquark), Pastinaken

Leicht gesalzenen Fisch mit gehackten Zwiebeln in Öl dünsten, mit Weißwein und Zitronensaft abschmecken. Dill, Senf und Tofu verrühren, kurz erwärmen. Den Fisch mit der Dillsauce und gebratenen Pastinakenscheiben anrichten.

Zwischengericht: Joghurt mit Blaubeeren
Joghurt, Blaubeeren (auch tiefgefroren), Ahornsirup

Joghurt mit (aufgetauten) Blaubeeren mischen, mit Ahornsirup abschmecken.

Abendessen: Kürbissuppe mit Sobanudeln
Kürbis, Olivenöl, Misobrühe, Tofu (Sojakäse/Sojaquark), Zitronensaft, Muskat, Sobanudeln (Buchweizennudeln), Kürbiskerne

Kürbisfleisch in Stifte schneiden, in heißem Olivenöl andünsten. Misobrühe, Tofu und Zitronensaft zugeben, fein pürieren, mit Muskat abschmecken. Sobanudeln zugeben und ziehen lassen, bis die Nudeln gar sind. Mit Kürbiskernen garnieren.

5. Tag

Frühstück: Kaffee, Sellerie-Karotten-Saft, Frischkornmüsli
Buchweizen, Hirse, Gerste, Haselnüsse, Kürbiskerne, Ananas, Tofu (Sojakäse/Sojaquark), Melasse

Getreidemischung in Wasser quellen lassen (am Vortag in den Kühlschrank stellen). Mit Haselnüssen, Kürbiskernen, Ananas und Tofu mischen und mit Melasse süßen.

Mittagessen: Pikante Buchweizengrütze mit Feldsalat und Feigen
Buchweizen, Misobrühe, frische Kräuter (Petersilie, Schnittlauch, Kerbel, Basilikum), Zwiebeln, Knoblauch, Mozzarella, Feldsalat, frische Feigen (zerkleinert), Olivenöl

Buchweizenkörner mit Misobrühe aufkochen und quellen lassen. Mit zerkleinerten Kräutern, Zwiebeln und Knoblauch mischen, Mozzarellastückchen darüber verteilen und im Ofen überbacken, bis der Käse zerlaufen ist. Feldsalat mit Feigen mischen und mit Öl beträufeln.

Zwischengericht: Maismehlkekse mit Birnenkompott
Birnen, Zitronensaft, Weißwein, Ingwer, Gewürznelke, Zucker, Maismehlkekse

Geschälte Birnenstücke mit Zitronensaft beträufeln, in Wasser, Wein, Ingwer, Gewürznelke und Zucker weich dünsten. Mit den Maismehlkeksen anrichten.

Abendessen: Linseneintopf mit Kefir und Vollreisbrot
Zwiebeln, Knoblauch, Olivenöl, Zitronensaft, Dinkelmehl, rote oder grüne Linsen, Salz, Lorbeerblatt, Majoran, Petersilie, Kefir, Sojasauce, Vollreisbrot

Gehackte Zwiebeln und Knoblauch in Öl anbraten, mit verdünntem Zitronensaft und Dinkelmehl ablöschen, etwas ziehen lassen. Gekochte Linsen, Gewürze und Kräuter dazugeben, aufkochen lassen. Kefir unterrühren und mit Sojasauce abschmecken. Frisches Vollreisbrot als Beilage reichen.

6. Tag

Frühstück: Melissentee, Grapefruitsaft, Cornflakes mit Sojamilch und Kirschen
Cornflakes, Sojamilch, Kirschen (oder Preiselbeeren)

Cornflakes mit Sojamilch begießen, mit entsteinten Kirschen (oder mit Preiselbeeren) mischen.

Mittagessen: Würziger Tofu
Tofu (Sojakäse/Sojaquark), Olivenöl, Knoblauch, Zitronensaft, Oregano, Salz, Zwiebeln, Gurke, Radieschen, Basilikum

Tofu in eine Marinade aus Öl, Knoblauchzehen, Zitronensaft und Oregano einlegen. Nach 2 Stunden aus der Marinade nehmen. Etwas Salz mit der Marinade verrühren. Kleingeschnittenes Gemüse in einer Schüssel mischen, mit der Marinade begießen. Tofu goldbraun braten, über dem Salat zerbröckeln. Mit Basilikum garnieren.

Zwischengericht: Backpflaumensaft, Reiswaffeln mit Aprikosenmarmelade
Reiswaffeln, Aprikosenmarmelade

Waffeln mit Marmelade bestreichen.

Abendessen: Selleriegemüse mit Erdnüssen
Sellerieknolle, Olivenöl, gesalzene Erdnüsse, Misobrühe, Muskat, Zitronensaft

Selleriescheiben in der geschlossenen Pfanne in Öl dünsten. Erdnüsse, Misobrühe und etwas Selleriegrün dazugeben, unter gelegentlichem Rühren Sellerie weich garen. Mit Muskat und Zitronensaft abschmecken.

7. Tag

Frühstück: Kaffee, Traubensaft, Haferbrei mit Rosinen und Pinienkernen
Haferflocken, Sojamilch, Rosinen, Pinienkerne

Haferflocken in Sojamilch aufkochen, abkühlen lassen, mit Rosinen mischen und mit Pinienkernen bestreuen.

Mittagessen: Hühnchenfleisch mit Aprikosenreis
Hühnerfleisch, Olivenöl, Zwiebeln, getrocknete Aprikosen, Salz, Zimt, Rosinen, Naturreis, Minze, Petersilie

Hühnerfleisch in Öl anbraten, gehackte Zwiebeln, eingeweichte Aprikosen, Salz, Zimt und Rosinen zugeben, bei schwacher Hitze etwa 30 Minuten schmoren lassen. Vorgekochten Naturreis über dem Hühnerfleisch verteilen, im gut geschlossenen Topf bei schwacher Hitze garen, bis Reis und Fleisch weich sind. Mit Minze und Petersilie garnieren.

Zwischengericht: Ananas im Mandelbett
Ananas, Honig, Mandelblättchen, Rapsöl, Kefir

Ananasscheiben mit Honig beträufeln, in Mandelblättchen wälzen und in etwas Rapsöl ausbacken. Mit einem Klacks Kefir anrichten.

Abendessen: Gemüsepuffer mit Schnittlauchtofu
Karotten, Kohlrabi, rote Bete, milder Käse, süßer Senf, Schnittlauch, Misobrühe, Ei, Muskat, Leinsamenöl oder Rapsöl, Tofu (Sojakäse/Sojaquark)

Die gekochten Gemüse schälen und fein raffeln. Geriebenen Käse, Senf, gehackten Schnittlauch, etwas Misobrühe, Ei und einen Hauch Muskat zugeben und verrühren. Die Masse in heißem Öl ausbacken. Tofu und Schnittlauch verrühren und zu den Puffern servieren.

Bekömmliche Getränke für zwischendurch
Reines Wasser (Quellwasser, Mineralwasser), Grüner Tee, kalter Hagebuttentee, Holundertee. Außerdem gesunde Vitamincocktails aus: Ananas, Erdbeeren und Weintrauben; Grapefruit und Zitronen; Karotten und Brokkoli; Petersilie und Sellerie.
Bohnenkaffee und – in Maßen – Rotwein und Weißwein sind ebenfalls erlaubt.

Blutgruppe B – Menüvorschläge für eine Woche

1. Tag

Frühstück: Grüner Tee, Mineralwasser, Hafermüsli mit Weintrauben und Kiwi
Haferflocken, Weintrauben, Kiwi, Joghurt (fett oder mager), Honig oder Melasse

Haferflocken mit Weintrauben, Kiwischeiben und Joghurt mischen. Mit Honig oder Melasse abschmecken.

Mittagessen: Lammgeschnetzeltes mit Reis
Lammkeule, Olivenöl, Kohlrabi, Zwiebeln, Knoblauch, Joghurt, Zitronensaft, Salz, grüne Minze, Reis

Kleine Lammfleischstücke in heißem Öl anbraten. Fleisch aus der Pfanne nehmen. Kohlrabi klein schneiden, Zwiebeln und Knoblauch hacken und ebenfalls in Öl anbraten. Das Fleisch zugeben, Joghurt unterrühren und zugedeckt weich garen lassen. Mit Zitronensaft und Salz abschmecken, mit Minze garnieren. Dazu passt gekochter wilder oder weißer Reis.

Zwischengericht: Buttermilchshake mit Bananen
Buttermilch, Bananenscheiben, Ananassaft, Pfirsichnektar, 1 Spritzer Zitronensaft

Alle Zutaten im Mixer gut vermischen.

Abendessen: Bunte Rohkostschüssel
Chicorée, Apfel, Weintrauben, Mayonnaise, Joghurt, Zitrone, Senf, Honig

Chicoréeblätter (ohne den bitteren Kern) mit Apfelstücken und Weintrauben in eine Schüssel geben. Mayonnaise mit Joghurt, Zitronenstückchen und etwas Senf verrühren, mit Honig abschmecken. Die Marinade leicht unter die Rohkost heben.

2. Tag

Frühstück: Süßholztee, Orangensaft und Spiegeleier
Eier, Butter, glutenfreies Brot, Salz, Petersilie

Eier in heißer Butter braten. Brot mit Butter bestreichen, Ei darauf legen, mit einer Prise Salz und feingehackter Petersilie bestreuen.

Mittagessen: Kabeljau in Estragonsauce mit Feldsalat
Estragon, Olivenöl, Kabeljaukoteletts, Schalotten, Salz, Zitronensaft, Joghurt, Feldsalat

Estragon fein hacken, mit Olivenöl mischen und die Fischkoteletts damit einreiben. Im Kühlschrank einige Stunden ziehen lassen. Feingewürfelte Schalotten glasig dünsten, den Fisch dazugeben, mit Salz würzen, mit Zitronensaft beträufeln und andünsten. Joghurt in die heiße Pfanne löffeln und den Fisch während des Garens ständig mit dem Sud begießen. Fischkoteletts herausnehmen, die Sauce etwas eindicken lassen. Anschließend Fisch mit der Sauce überziehen, mit frischem Estragon garnieren. Dazu passt Feldsalat (oder auch Eisberg- oder Endiviensalat).

Zwischengericht: Löwenzahnsalat
Frische Löwenzahnblätter, Weinessig, Leinsamenöl, Salz, Cayennepfeffer

Löwenzahn kleinzupfen, mit Essig und Öl, Salz und Pfeffer mischen.

Abendessen: Bunte Paprikapfanne
Zwiebeln, Olivenöl, grüne, gelbe und rote Paprikaschoten, Knoblauch, Salz, Cayennepfeffer, Paprikapulver, Ricotta, Weinessig, Petersilie

Zwiebelwürfel in Olivenöl glasig dünsten, Paprikastreifen und zerdrückte Knoblauchzehe dazugeben und weich dünsten. Mit Ricotta, den Gewürzen und einem Spritzer Essig abschmecken, mit Petersilie garnieren.

3. Tag

Frühstück: Schwarzer Tee, Traubensaft, Hirsebrei mit Preiselbeeren
Hirse, Zitronensaft, Honig, Preiselbeeren

Hirse in Wasser aufkochen, 30 Minuten ausquellen lassen. Mit Zitronensaft und Honig abschmecken. Mit Preiselbeeren garnieren.

Mittagessen: Kaninchen mit Rosenkohl und Bataten
Rosenkohl, Misobrühe, Kaninchenfleisch, Salz, Cayennepfeffer, Butter, Zwiebeln, Knoblauch, Weißwein, Bataten (Süßkartoffeln), Kerbel

Rosenkohl in etwas Misobrühe bissfest garen. Kaninchenfleischstücke mit Salz und Cayennepfeffer einreiben, in heißem Fett braun anbraten. Gehackte Zwiebeln und Knoblauch zugeben und kurz mitbraten. Mit Weißwein ablöschen und mit Rosenkohl und gebackenen Süßkartoffeln anrichten. Mit Kerbel garnieren.

Zwischengericht: Joghurteis mit heißer Schokolade
Schokolade, Joghurt, Joghurteis

Geraspelte Schokolade erhitzen und schmelzen, mit etwas Joghurt cremig rühren, über das Eis gießen.

Abendessen: Forellencremesuppe
Karotten, Sellerie, Lauch, Butter, Salz, Pfeffer, Zitronensaft, Hafermehl, Weißwein, Lorbeerblatt, Dill, Lachsforelle, Kefir, Brunnenkresse

Kleingeschnittenes Gemüse in Butter anschwitzen. Mit Salz, Pfeffer und Zitronensaft würzen. Etwas Hafermehl darüber streuen und mit Weißwein ablöschen. Wasser, Lorbeerblatt und Dill zugeben und bissfest kochen. In Würfel geschnittene Forellenfilets in die Suppe geben und wenige Minuten mitkochen lassen. Vor dem Servieren mit dem Pürierstab zu einer feinen cremigen Suppe verarbeiten. Etwas Kefir einrühren und mit Kresse garnieren.

4. Tag

Frühstück: Kaffee, Ananassaft, glutenfreies Brot mit Ziegenkäse
Glutenfreies Brot, Ziegenkäse, Kümmel

Brot mit Käse belegen und mit Kümmel bestreuen.

Mittagessen: Heilbuttpfanne mit buntem Gemüse und Pastinaken
Zwiebeln, Zucchini, Paprikaschoten, Zuckerschoten, Misobrühe, Heilbuttfilet, Zitronensaft, Salz, Cayennepfeffer, Senf, Dill, Kefir, Butter, Pastinaken

Feingeschnittenes Gemüse in wenig Misobrühe andünsten. Heilbutt mit Zitronensaft, Salz und Cayennepfeffer einreiben, auf das Gemüse legen und gar ziehen lassen. Vor dem Anrichten mit einer Marinade aus Senf, Dill und Kefir, Pfeffer und Salz übergießen. Dazu passen in Butter gebratene Pastinakenscheiben.

Zwischengericht: Reiswaffeln mit Zwetschgen-Birnen-Konfitüre
Zwetschgen, Birnen, Honig, Agar-Agar, Zitrone, Reiswaffeln

Kleingeschnittene Früchte in Honig und Wasser aufkochen, Agar-Agar in Zitronensaft und etwas von dem heißen Sud auflösen und unter die köchelnden Früchte rühren. Waffeln mit kalter Konfitüre bestreichen.

Abendessen: Käse-Kräuter-Salat
Eisbergsalat, Gurke, Frühlingszwiebeln, Emmentaler, Kefir, Essig, Salz, Zucker, Cayennepfeffer, frische Kräuter (Petersilie, Schnittlauch, Kresse)

Salat, Gurke, Zwiebeln und Käse klein schneiden. Mit einem Dressing aus Kefir, Essig, Salz, Zucker, Cayennepfeffer und Kräutern mischen.

5. Tag

Frühstück: Pfefferminztee, Mineralwasser, Ricottabrot mit Zwiebeln
Essener Brot (Brot aus gekeimtem Weizen), Salz, Ricotta (italienischer Frischkäse), Frühlingszwiebeln

Brot mit leicht gesalzenem Ricotta und fein geschnittenen Frühlingszwiebeln belegen.

Mittagessen: Shiitakepilze mit Paprikasalat und Schafskäse

Shiitakepilze, Butter, Knoblauch, Salz, roter Pfeffer, Petersilie, Paprikaschoten, Zwiebeln, Leinsamenöl, Apfel- oder Weinessig, Schnittlauch, Schafskäse

Den zähen Stiel der Pilze abschneiden, die Pilzköpfe halbieren, in heißer Butter braten. Zerkleinerte Knoblauchzehen zugeben, umrühren, mit Salz und Pfeffer abschmecken und Petersilie darüber streuen. Paprika und Zwiebeln in Streifen schneiden. Mit einer Marinade aus Öl, Essig, Salz, Pfeffer und Schnittlauchröllchen mischen. Schafskäsewürfel darüber verteilen.

Zwischengericht: Dinkelgrütze mit Aprikosen

Dinkel, Milch, getrocknete Aprikosen, Ahornsirup

Dinkel in Milch aufkochen und ausquellen lassen. Eingeweichte Aprikosen pürieren, unter die Grütze mischen. Mit Ahornsirup abschmecken.

Abendessen: Selleriecremesuppe mit Alfalfasprossen

Sellerieknolle, Misobrühe, Joghurt, Meerrettich, Essig, Alfalfasprossen

Sellerie in Misobrühe gar kochen, Joghurt zugeben und mit dem Pürierstab sämig rühren. Mit geriebenem Meerrettich und einem Spritzer Essig abschmecken. Mit Alfalfasprossen garnieren.

6. Tag

Frühstück: Hagebuttentee, Selleriesaft, Vollreisbrot, Hüttenkäse mit Kräutern
Vollreisbrot, Hüttenkäse, frische Kräuter (Petersilie, Schnittlauch, Kresse)

Vollreisbrot mit Hüttenkäse bestreichen, feingehackte Kräuter darüber streuen.

Mittagessen: Hammelkotelett mit Auberginentopf
Paprikaschoten, Auberginen, Olivenöl, Knoblauch, Salz, Zitronensaft, Hammelkoteletts, Kefir, Dill, Thymian, Cayennepfeffer, Zucker

Kleingeschnittene Paprika und Auberginen in Öl erhitzen. Knoblauch zugeben, Topf verschließen und langsam weich schmoren lassen. Mit Salz und Zitrone abschmecken. Koteletts in heißem Fett braten. Eine Marinade aus Kefir, Dill, Thymian, Cayennepfeffer, Zitronensaft, Zucker und Salz verrühren und kurz in dem Bratenfett erhitzen. Alles zusammen anrichten.

Zwischengericht: Joghurt-Bananen-Mix
Banane, Magermilch, Joghurteis, Vanille, Zitrone

Mixgetränk aus Banane, Magermilch, Joghurteis, Vanille und einem Spritzer Zitronensaft zubereiten.

Abendessen: Roter Heringssalat
Salzheringe, rote Bete, Kartoffeln, Essiggurken, Mayonnaise, Joghurt

Heringe, rote Bete und Kartoffeln (beides gekocht) und Essiggurken in fingerdicke Stücke schneiden. Mit Mayonnaise und etwas Joghurt mischen, bis der Salat eine gleichmäßige rote Farbe hat.

7. Tag

Frühstück: Grüner Tee, Grapefruitsaft, Kräuterei, Dinkelbrot
Eier, Joghurt, Mineralwasser, Petersilie, Olivenöl, Salz, Dinkelbrot

Eier mit etwas Joghurt, einem Schuss Mineralwasser und klein geschnittener Petersilie verquirlen. Olivenöl erhitzen und die Masse einrühren, bis der Teig stockt. Mit Salz abschmecken. Dazu Dinkelbrot reichen.

Mittagessen: Gemüsepuffer
Brokkoli, Karotten, Eier, Petersilie, Hirsebrotkrümel, Salz, Cayennepfeffer, Muskatnuss, Butter

Aus zerkleinertem gekochtem Gemüse, Eiern, Petersilie und Brotkrümeln einen Teig mischen, mit Salz, Cayennepfeffer und Muskat abschmecken. Küchlein goldgelb in Butter ausbacken.

Zwischengericht: Reismehlbrot mit Beerenkompott
Frische Beeren der Saison oder Tiefkühlmischung, Honig, Anis, Reismehlbrot

Gemischtes Beerenobst (Tiefkühlmischung vorher auftauen lassen) erhitzen, mit Honig und Anis abschmecken. Mit Reismehlbrotstückchen anrichten.

Abendessen: Zuckerschotensalat

Zuckerschoten, grüne Erbsen, Misobrühe, Frühlingszwiebeln, Dill, Dinkel, Essig, Zitronensaft, Senf, Leinsamenöl, Kefir, Cayennepfeffer, Salz

Zuckerschoten und Erbsen in etwas Misobrühe garen. Aus dem Sud nehmen, mit Zwiebelringen, Dill und gekochtem Dinkel mischen. Sauce aus Essig, Zitronensaft, Senf, Dill, Leinsamenöl und etwas Kefir verrühren. Mit Cayennepfeffer und Salz abschmecken. Über den Salat geben.

Bekömmliche Getränke für zwischendurch

Vitamincocktails aus: Ananas und Papaya; Grapefruit und Banane; Preiselbeeren, Weintrauben und Ananas; Weißkohl, Apfel und Karotten; Karotten und Brokkoli; Weißkohl und Sellerie; Gurken und Petersilie; Spinat und roter Bete; Fenchel und Paprika.
Außerdem Mixgetränke wie Joghurt mit Kiwi, Buttermilch mit Bananen oder Papaya.
Tägliche Durstlöscher: Reines Wasser (Quellwasser, Mineralwasser), Grüner Tee.
Erlaubt sind – in Maßen – schwarzer Kaffee, schwarzer Tee, Bier, Rotwein und Weißwein.

- Versuchen Sie doch einmal Dr. D'Adamos schmackhaften Power-Drink: 1 Esslöffel Leinsaatöl, 1 Esslöffel Lecithin-Granulat und 180 bis 240 Milliliter Obstsaft verrühren. Schütteln und trinken.

Blutgruppe AB – Menüvorschläge für eine Woche

1. Tag

Frühstück: Kaffee, Aprikosensaft, Omelett mit Schafskäse
Eier, Magermilch, Salz, Olivenöl, Schafskäse

Eier mit etwas Magermilch und einer Prise Salz verquirlen. Omelett in heißem Olivenöl ausbacken, mit zerbröckeltem Schafskäse bestreuen und zusammenrollen.

Mittagessen: Lammrücken mit Ananaspüree
Thymian, Rosmarin, Majoran, Ingwer, Salbei, Tamari (Sojasauce), Lammrücken, Misobrühe, Ananas, Senf, Pfeilwurzelmehl, Dicke Bohnen, Magermilch, Petersilie

Feingehackte Kräuter mit etwas Tamari mischen, das Fleisch damit einreiben. Im vorgeheizten Backofen bräunen, etwas Misobrühe zugeben. Das Fleisch ab und zu mit dem Bratensaft begießen. Nach dem Garen den Lammrücken mit einer Mischung aus pürierter Ananas und Senf bestreichen. Die Bratenflüssigkeit mit Pfeilwurzelmehl binden. Dicke Bohnen mit Magermilch bedeckt weich kochen. Alles zusammen anrichten, mit gehackter Petersilie bestreuen.

Zwischengericht: Kirsch-Apfel-Salat mit Johannisbeercreme
Kirschen (auch tiefgefroren), Äpfel, saure Sahne, Johannisbeermarmelade, Zitronensaft

Entsteinte Kirschen mit Apfelstückchen mischen. Saure Sahne mit etwas Johannisbeermarmelade und einem Spritzer Zitronensaft verrühren. Die Sahnecreme über das Obst geben.

Abendessen: Wildreis mit Sellerie und Erdnüssen
Sellerie, Erdnüsse, Erdnussöl, Wildreis, frische Kräuter (Petersilie, Brunnenkresse oder Kerbel)

Selleriestückchen und Erdnüsse in Erdnussöl dünsten. Vorgekochten Wildreis und Kräuter untermischen, zugedeckt weich garen.

2. Tag

Frühstück: Johanniskrauttee, Grapefruitsaft, Milchreis mit Kirschen
Milchreis, Magermilch, Salz, Zucker, Vanillepulver, Kirschen (auch tiefgefroren), Mandelsplitter

Milchreis in Wasser bissfest kochen, abgießen. In kochender Magermilch aufquellen lassen. Mit einer Prise Salz, Zucker und Vanillepulver würzen. Mit heißen Kirschen und Mandelsplittern anrichten.

Mittagessen: Fischgulasch mit Brokkoli
Makrele, Karpfen, Rotbarsch, Salz, Paprikapulver, Zitronensaft, frische Kräuter (Petersilie, Dill, Kerbel), Zwiebeln, Knoblauch, Olivenöl, Tomaten, Brokkoli

Fischfilets in würfelgroße Stücke schneiden, mit Salz und Paprikapulver bestreuen und mit Zitronensaft beträufelt ziehen lassen. Feingeschnittene Kräuter, Zwiebelstückchen und gehackten Knoblauch in Olivenöl andünsten, pürierte Tomaten und Fischstücke zugeben. Zugedeckt garen. Zusammen mit gedünsteten Brokkoliröschen anrichten.

Zwischengericht: Mozzarella mit Tomaten
Mozzarella, Tomaten, Salz, Basilikum, Olivenöl

Mozzarella- und Tomatenscheiben schuppenförmig auf einem Teller anrichten. Mit einer Prise Salz bestreuen. Kleingezupfte Basilikumblätter darauf verteilen und etwas Olivenöl darüber träufeln.

Abendessen: Linsensalat mit Alfalfasprossen
Linsen, Misobrühe, Zwiebeln, Knoblauch, Rotwein, Zucker, Alfalfasprossen

In Misobrühe bissfest gegarte Linsen mit Zwiebelstückchen, Knoblauch, Linsensud, einem Spritzer Rotwein und einer Prise Zucker verrühren, ziehen lassen. Mit Alfalfasprossen anrichten.

3. Tag

Frühstück: Kaffee, Karottensaft, Sojabrot mit Marmelade
Sojabrot, Hüttenkäse, Stachelbeermarmelade, Erdnüsse

Brot mit Hüttenkäse bestreichen, mit einem Klacks Stachelbeermarmelade und Erdnüssen garnieren.

Mittagessen: Kaninchenragout mit grünen Bohnen
Kaninchenfleisch, Olivenöl, frischer Rosmarin, Lorbeerblatt, Tamari, Weißwein, Tomaten, Karotten, Lauch, Misobrühe, saure Sahne (oder Sojaquark), Petersilie, grüne Bohnen, Zwiebeln, Thymian

In Würfel geschnittenes Kaninchenfleisch in Öl anbraten, fein geschnittene Kräuter zugeben, mit Tamari würzen und mit etwas Weißwein ablöschen. Gehäutete Tomatenstücke mit Karottenscheiben und Lauchstückchen hinzufügen, mit Misobrühe auffüllen. Im vorgeheizten Ofen garen. Mit saurer Sahne binden und mit Petersilie garnieren. Bohnen, Zwiebeln und Thymian in etwas Olivenöl bissfest garen.

Zwischengericht: Birnen mit Schokoladencreme
Schokolade, Zimt, Joghurteis, Birnen, Mandelblättchen

Schokolade mit etwas heißem Wasser und Zimt in einem Töpfchen schmelzen. Die heiße Masse mit Joghurteis cremig rühren. Über die geschälten Birnenhälften geben. Mit Mandelblättchen garnieren.

Abendessen: Überbackene Auberginen
Auberginen, Salz, Hafermehl, Olivenöl, Emmentaler, Tomaten, Pinienkerne

Geschälte Auberginen in Scheiben schneiden, leicht salzen. In Hafermehl wenden und in Olivenöl auf beiden Seiten anbraten. Die Scheiben in eine Backform legen. Geriebenen Emmentaler mit pürierten Tomaten und einem Schuss Öl verrühren. Auberginen mit der Masse bedecken und im Ofen überbacken. Mit Pinienkernen bestreuen.

4. Tag

Frühstück: Grüner Tee, Zitronenwasser, Flockenmüsli mit Ananas und Feigen
Getreideflocken (Hirse, Hafer, Amarant oder anderes Getreide), Ananas, frische oder ungeschwefelte getrocknete Feigen, Joghurt, Ahornsirup, gehackte Walnüsse

Getreideflocken mit Obststückchen und Joghurt mischen, mit Ahornsirup abschmecken und mit Walnüssen bestreuen.

Mittagessen: Truthahnfleisch mit Kräutercreme
Tofu (Sojakäse/Sojaquark), Vollkornmehl, Olivenöl, Schalotten, Knoblauch, Tomaten, Misobrühe, Sauerrahm, Petersilie, Schnittlauch, Tamari (Sojasauce), Truthahnfleisch

Abgetropften Tofu in Würfel schneiden, mit etwas Mehl bestäuben. In Olivenöl anbraten, klein geschnittene Schalotten und gehackten Knoblauch zugeben. Pürierte Tomaten und etwas Misobrühe angießen, bei geringer Hitze garen. Mit Sauerrahm, frischen Kräutern und Tamari abschmecken und die Creme zum Truthahnfleisch servieren.

Zwischengericht: Reiswaffeln mit Kirschkompott
Kirschen, Rotwein, Zucker, Zimtstange, Gewürznelke, Reiswaffeln

Entsteinte Kirschen mit Wasser und einem Schuss Rotwein, Zucker, Zimtstange und Gewürznelke aufkochen, abkühlen lassen. Mit Reiswaffeln anrichten.

Abendessen: Schneckensuppe mit Käsetoast
Zwiebeln, Karotten, Olivenöl, Weinbergschnecken (tiefgefroren), Misobrühe, Vollkornmehl, Joghurt, Knoblauch, Petersilie, Toast, Emmentaler

Zwiebel- und Karottenwürfel in Öl leicht anbraten, Schnecken dazugeben, gut andünsten. Etwas Misobrühe angießen und einkochen lassen. Mehl darüberstreuen und mit Wasser auffüllen. Die Suppe kochen lassen, bis die Karottenwürfel weich sind. Dann Joghurt mit zerdrücktem Knoblauch und fein geschnittener Petersilie unterrühren. Toastbrot mit geriebenem Emmentaler bestreuen, im Ofen kurz überbacken.

5. Tag

Frühstück: Hagebuttentee, Papayasaft, Vollreisbrot mit Mandelmusquark
Mandelmus, Tofu (Sojakäse/Sojaquark), Vollreisbrot

Mandelmus mit Tofu mischen und aufs Brot streichen.

Mittagessen: Rotbarsch mit Schmorgurken in Dillcreme
Zwiebeln, Knoblauch, Olivenöl, Rotbarschfilet, Salz, Zitrone, Gurken, Tamari (Sojasauce), Sauerrahm, Senf, Dill

Zwiebelstückchen und gehackten Knoblauch in Olivenöl glasig dünsten. Leicht gesalzene Fischstücke und geschälte Zitronenscheiben zugeben, mit Wasser bedecken und zugedeckt garen. Gurkenstücke in Olivenöl bissfest dünsten. Mit einer Sauce aus Tamari, Sauerrahm, Senf und fein geschnittenem Dill verrühren. Alles zusammen anrichten.

Zwischengericht: Pflaumenpfannkuchen
Eier, Vollkornmehl, Salz, Magermilch, Pflaumen, Olivenöl, Zucker, Zimt

Eier, Mehl, Salz und Milch mit entsteinten, klein geschnittenen Pflaumen zu einem cremigen Teig verrühren und in heißem Olivenöl in der Pfanne ausbacken. Mit Zucker und Zimt bestreuen.

Abendessen: Blumenkohlsalat mit Walnüssen
Blumenkohl, Misobrühe, Tofu (Sojakäse/Sojaquark), Petersilie, Leinsamenöl, Meerrettich, Zitronensaft, gehackte Walnüsse

Blumenkohlröschen in Misobrühe bissfest garen. Tofu, feingehackte Petersilie, Leinsamenöl, Meerrettich und Zitronensaft verrühren. Die Marinade über den Blumenkohl gießen und den Salat ziehen lassen. Mit Walnüssen garnieren.

6. Tag

Frühstück: Kaffee, Traubensaft, Keimlingsbrot mit Gurken und Ziegenkäse
Essener Brot (Brot aus gekeimtem Weizen), Gurken, Ziegenkäse, Schnittlauch

Brot mit Gurkenscheiben und Ziegenkäse schuppenartig belegen, mit fein geschnittenem Schnittlauch bestreuen.

Mittagessen: Bunter Gemüseeintopf mit Dinkel
Zwiebeln, Olivenöl, Lauch, Gurke, Apfel, Dinkel, Tomaten, Tamari (Sojasauce), Petersilie

Zwiebelstückchen in Olivenöl glasig dünsten. Gemüse und Apfel klein schneiden, ebenfalls andünsten. Wasser zugießen und gebrauchsfertigen Dinkel (Reformhaus) einstreuen. Bei milder Hitze garen. In Würfel geschnittene Tomaten zugeben, kurz mitkochen lassen. Mit Tamari abschmecken und mit grobgehackter Petersilie garnieren.

Zwischengericht: Kefir mit Früchten
Kiwis, Aprikosen, Kefir (oder Sojaquark), Puffreis

Geschälte Kiwis und eingeweichte Aprikosen klein schneiden, mit Kefir (oder Sojaquark) mischen. Mit Puffreis bestreuen.

Abendessen: Ananas-Thunfisch-Salat
Naturreis, Thunfisch (Dose), grüne Erbsen (tiefgefroren), Ananas, Zitronensaft, Salz, Zucker, Kresse

Gekochten Reis mit Thunfisch und Erbsen mischen, kleine Ananasstücke unterheben. Mit Zitronensaft, Salz und Zucker abschmecken und mit Kresse garnieren.

7. Tag

Frühstück: Grüner Tee, Petersiliensaft, Weizenkeimbrot mit Zwetschgenmus
Zwetschgenmus, Weizenkeimbrot, Pinienkerne

Zwetschgenmus aufs Brot streichen, mit Pinienkernen bestreuen.

Mittagessen: Haferflockenbratlinge mit Kräuterquark
Haferflocken, Zwiebeln, Schnittlauch, Algen, Eier, Hafermehl, Olivenöl

Eingeweichte und gequollene Haferflocken mit Zwiebelstückchen, fein geschnittenem Schnittlauch, Algen und geschlagenen Eiern gut vermischen. Aus der Masse kleine Frikadellen formen, in Hafermehl wälzen und in heißem Olivenöl ausbacken. Dazu Kräuterquark servieren.

Zwischengericht: Pikanter Gemüsecocktail
Karotten, Gurken, Sellerie, Petersilie, Grapefruit, Mineralwasser, Salz

Zutaten klein schneiden und alles im Mixer verquirlen.

Abendessen: Gebackener Tofu mit grünen Oliven
Tofu (Sojakäse/Sojaquark), Sojasauce, Ei, Knoblauch, Mandelsplitter, Olivenöl, grüne Oliven

Tofuscheiben mit Sojasauce beträufeln. Ei mit zerdrücktem Knoblauch mischen. Tofu darin wenden, danach in eine Panade aus Mandelsplitter drücken. In heißem Olivenöl goldgelb braten. Mit grünen Oliven anrichten.

Bekömmliche Getränke für zwischendurch
Vitamincocktails aus: Ananas und Kiwi; Preiselbeeren und Weintrauben; Grapefruit und Kirschen; Apfel und roter Bete; Karotten und Süßkartoffeln; Sellerie, Petersilie und Gurken; Weißkohl, Spinat und Karotten; Tomaten und Knoblauch. Auch Mixgetränke mit Mager- oder Sojamilch, zum Beispiel Himbeermilch aus tiefgefrorenen Himbeeren, Milch und Honig.
Tägliche Durstlöscher: Reines Wasser (Mineralwasser, Quellwasser) mit Zitrone, auch vor dem Frühstück auf nüchternen Magen getrunken.
Erlaubt sind – in Maßen – Kaffee, Bier, Rotwein und Weißwein.

Wenn andere mitessen

Sitzen an Ihrem Tisch Feinschmecker mit verschiedenen Blutgruppen, so muss nicht für jeden eine Extrawurst gebraten werden. Die Blutgruppen-Diät ist so leicht zu variieren, dass im Nu für jeden eine gesunde und schmackhafte Mahlzeit zubereitet werden kann.

Der einfachste Weg: Sie stellen Ihre leckeren Menüs so zusammen, dass sich jeder Esser bei Tisch die Beilagen aussuchen kann, die für ihn am bekömmlichsten sind. Ein Beispiel:
Gedämpfter Lachs, grüner Blattsalat mit Truthahnfleisch und Feigen, Brot aus gekeimtem Weizen, Bataten (nicht für Bluttyp A), Topinambur (nicht für Bluttyp B und AB), Ananassaft

Hier können alle zulangen, lediglich statt zu Bataten (Süßkartoffeln) sollten Esser mit Blutgruppe A besser zu Topinambur greifen. Die Jerusalem-Artischocke, die Knollenpflanze auch heißt, ist wiederum für Blutgruppe B und AB nicht zu empfehlen.

Der alternative Weg: Sie variieren bereits beim Zubereiten der Speisen portionsweise die Zutaten. Ein Beispiel:
Ananas-Birnen-Rohkost mit Sellerie

Ananas- und Birnenstücke mit klein geschnittenem Stangensellerie und Frühlingszwiebeln mischen. Für Esser mit Bluttyp 0 und A bereiten Sie dazu ein Tofudressing zu, für Bluttyp B und AB wird die Rohkost mit Joghurt gemischt.

Der beste Weg: Sie wählen für die Mahlzeiten nur diejenigen Nahrungsmittel aus, die für die jeweiligen Blutgruppen ausdrücklich empfohlen werden – also in der Kategorie »Vorteilhaft« aufgelistet sind –, und fügen bei Bedarf Beilagen aus der Kategorie »Neutral« hinzu. Einige Beispiele:

0 + A *Flussbarsch, Kohlrabi, Römischer Salat, Kürbiskerne, Pflaumensaft, Ulmenrindentee*
0 + B *Wild (Hirsch/Reh), Pastinaken, Petersilie, Ananassaft, Pfefferminztee*
0 + AB *Hammel, Süßkartoffeln (Bataten), Pintobohnen, Curry, Feigen, Kirschsaft, Hagebuttentee*
A + B *Lachsforelle, Karotten, Reiswaffeln, Preiselbeeren, Ananassaft, Ginsengtee*
A + AB *Lachs, Weinbergschnecken, Sojabohnen, Alfalfasprossen, Grapefruit, Kamillentee*
B + AB *Kaninchen, rote Bete, Auberginen, Weintrauben, Kohlsaft, Süßholztee*
0 + A + B + AB *Kabeljau, Brokkoli, Essener Brot, Ingwer, Zwetschgen, Mineralwasser*

Um Ihnen die Kombination zu erleichtern, finden Sie auf Seite 90/91 eine Übersicht der vorteilhaften Nahrungsmittel von A wie Adukebohnen bis Z wie Zwiebeln – mit den dazugehörigen Blutgruppen.

Der schnellste Weg: Sie achten nur auf die Nahrungsmittel, die alle »Mitesser« gleichermaßen vermeiden sollten, und kombinieren die übrigen Nahrungsmittel nach Lust und Laune. Als Dauerlösung ist diese Ausschlussmethode jedoch nicht ideal, weil zu viele neutrale und zu wenige vorteilhafte Nahrungsmittel dabei sein könnten.
Finden Sie selbst heraus, auf welche Weise Sie Ihre Menüs nach der Blutgruppen-Diät am liebsten zusammenstellen. Sie werden schon nach kurzer Zeit den Dreh heraus haben.

Eines aber sollten Sie stets beherzigen, damit Ihnen die Blutgruppen-Diät im wahrsten Sinn des Wortes in Fleisch und Blut übergeht: häufigere und kleinere Portionen von den empfohlenen Speisen zu verzehren, damit die maximale Menge an wertvollen Inhaltsstoffen gleichmäßig ins Blut gelangt.

Register

Register

Ran an den Speck!

39094

Mosaik bei
GOLDMANN